妈妈情绪稳定，孩子才有安全感

周一凡／著

苏州新闻出版集团

古吴轩出版社

图书在版编目（CIP）数据

妈妈情绪稳定，孩子才有安全感 / 周一凡著. -- 苏
州：古吴轩出版社，2024.6
ISBN 978-7-5546-2362-6

Ⅰ．①妈… Ⅱ．①周… Ⅲ．①家庭教育 Ⅳ．①G78

中国国家版本馆CIP数据核字（2024）第085863号

责任编辑：顾　熙
见习编辑：张　君
策　　划：周建林
装帧设计：尧丽设计
版式设计：林　兰

书　　名：妈妈情绪稳定，孩子才有安全感
著　　者：周一凡
出版发行：苏州新闻出版集团
　　　　　古吴轩出版社
　　　　　地址：苏州市八达街118号苏州新闻大厦30F
　　　　　电话：0512-65233679　　　邮编：215123
出 版 人：王乐飞
印　　刷：天宇万达印刷有限公司
开　　本：670mm×950mm　1/16
印　　张：10
字　　数：97千字
版　　次：2024年6月第1版
印　　次：2024年6月第1次印刷
书　　号：ISBN 978-7-5546-2362-6
定　　价：46.00元

如有印装质量问题，请与印刷厂联系。0318-5302229

有人说，那些长大后有出息的孩子背后，几乎都有一位情绪稳定的妈妈。从某种意义上说，妈妈情绪稳定对孩子的影响是巨大的，甚至会影响孩子的一生。因此，我们要做情绪稳定的妈妈，要把自己的情绪管理好。

妈妈情绪稳定的教养法，是一种不情绪化，温柔且有力、和善且坚定的教养方式，能营造出一种广大家长和孩子都需要的亲子相处模式。

情绪稳定的妈妈在和孩子沟通时，往往懂得运用语言的力量，会恰当地提问，尊重、理解孩子，能与孩子共情。这样能够使孩子敞开心扉，相信妈妈并接受妈妈的管教。

情绪稳定的妈妈一般都不苛求、不骄纵、不掌控、不漠视、不贬低孩子，而是理解、认可、关注、赞美、鼓励孩子，成为孩子成长路上温柔且有力量的引导者和陪伴者。她们对待孩子像对待益友一样，既给够安全感，又给够自由。

情绪稳定的妈妈既善于倾听又善于向孩子提问，既懂得鼓励和引导孩子，又了解教育孩子的心理学，还会时不时地通过阅读教养类书籍来提高自己，甚至还会给孩子写信来沟通。这样的妈妈无疑是智慧型、成长型的家长，是值得孩子效仿的榜样。

情绪稳定的妈妈懂得运用情绪的 ABC（A，activating event，激发事件，指个体遇到的主要事实、行为、事件；B，belief，信念，指个体对激发事件的认知和评价；C，consequence，结果，指激发事件造成个体的情绪和行为的结果）理论来妥善处理孩子的一些特殊行为。她们深知教养的底层逻辑：要先让孩子的各种情绪表达出来，再让孩子的不良行为得到纠正。

情绪稳定的妈妈往往会在细节中给够孩子安全感。比如：在就餐时不训孩子；在使用零花钱方面，培养孩子的金钱观和理财意识；在学习方面，懂得培养孩子的专注力和教会孩子制订学习计划等，提升孩子的学习能力；在使用电子产品方面，制定规则，适当允许，谨防沉迷；等等。

希望全天下的妈妈都能成为情绪稳定的教养高手。并且充分运用温柔养育孩子的 26 个理念，教养出内心平和，善于思考、学习的优秀孩子。

目录

第一章　不情绪化，愿所有孩子都被温柔以待

第一章

不情绪化，愿所有孩子都被温柔以待

妈妈的情绪影响孩子的一生

德国经典绘本《大嗓门妈妈》讲述了一个爱发脾气的企鹅妈妈，每次一生气，她都会对着小企鹅大吼大叫。小企鹅被吼叫声震得四分五裂：他的脑袋飞上了宇宙，身体落进了大海，翅膀掉到了热带雨林，嘴巴飞到了山顶，屁股遗失在都市里，疲倦的双脚跑到了沙漠。后来，企鹅妈妈找回了小企鹅七零八落的身体，一针一针地将其缝好，并且对小企鹅说了句"对不起"。

最后，小企鹅原谅了妈妈。可他之前受到的伤害，已经给他留下了满身的伤疤，尤其是他的心理受到了深深的创伤。

这个绘本故事告诉我们：在成长的过程中，孩子很容易受到父母情绪的影响。那么，妈妈情绪稳定，能给孩子的成长带来哪些积极影响呢？

1 孩子会变得更积极、更自信

情绪稳定的妈妈，能够带给孩子更多积极的能量，这种能量能使孩子变得更自信，同时使孩子能够很好地管理自己的情绪，对他人和所处环境更加信任，更愿意向外界展示自己，更容易和他人融洽相处。

同时，妈妈情绪稳定能给孩子的学习带来正面影响。英国著名教育家赫伯特·斯宾塞说过："孩子在快乐的时候，学习任何东西都很快；如果他情绪低落、精神紧张，学习的信心和效率就会明显降低，即使请来一个伟大的教育家教育他，也徒劳无功。"因此，妈妈要情绪稳定地教育孩子，否则会给孩子的学习带来不良影响。

2 孩子的抗挫能力更强

妈妈如果情绪不稳定，面对只犯一点儿错的孩子，就会忍不住发火，对着孩子大吼大叫，或者第一时间指正孩子，这样容易打击孩子的自信心，让孩子变得畏首畏尾，不敢轻易尝试。心里有对失败的畏惧，孩子也容易消磨斗志，会变得一遇到挫折就一蹶不振，缺乏面对挫折的勇气。

相反，情绪稳定的妈妈培养出来的孩子在面对失败时，会更加乐观，他们知道失败没什么可怕的，认为自己不过是暂时失败而已，于是越挫越勇，抗挫能力就会变得越来越强，从而更容易获得成功。

3 孩子的思维发展得更完善

英国曼彻斯特大学心理学教授爱德华·特洛尼克曾经做过一个"静止脸实验"，它很生动地展示了妈妈的情绪对孩子的影响究竟有多大。研究发现，当妈妈情绪不稳定，对孩子的主动示好不回应，甚至表现出愤怒的表情时，孩子体内的压力激素会相应地增加，表现出心跳加快、情绪紧绷等特征。如果孩子一直处在这种环境中，他们大脑的关键部位的细胞可能就会死亡，进而导致他们的思维变得迟缓，反应变慢。

尤其是从小就处于这种失控环境中的孩子，对妈妈发泄不良情绪的反应就会变得更强烈。在一次次的刺激之下，孩子往往难以变得松弛下来。研究发现，如果孩子长期处在不快乐或者压抑的环境中，其天赋就难以被充分开发出来，孩子可能会变得越来越笨，因为糟糕的情绪限制了他们思维的发展。反之，从小生活在轻松、稳定、友善的家庭氛围中，孩子的神经就会松弛下来，心理状态会安定又愉悦，这样更有利于孩子的发展。

正如蒙台梭利所说："我们对儿童所做的一切，都会开花结果，不仅影响他的一生，也决定他的一生。"长期接受父母坏情绪的孩子，表面看似变得很乖巧、很懂事，其实其内心早已受到很多伤害。所以，要想教育出优秀的孩子，妈妈们请从稳定自己的情绪开始做起！

营造良好的家庭情绪氛围

　　家是孩子成长的重要场所，妈妈要营造良好的家庭情绪氛围，让孩子在温暖、有爱的环境中长大，这是温柔教养孩子的基础。

　　家庭情绪氛围，是指家庭成员间口头或者非口头的情绪表达风格。它的好坏直接影响着家庭每个成员的心理状态。良好的家庭情绪氛围会让孩子感到自己是被接纳、被理解、被尊重和被关注的，从而孩子可以安全地表达自己的情绪，也能够很好地调节自己的情绪。

　　那么，妈妈们应该如何营造良好的家庭情绪氛围呢？

1 营造和孩子共聚的幸福时光

在孩子未成年时，妈妈对孩子高质量的陪伴是孩子获得安全感、幸福感和归属感的重要来源。陪伴是妈妈给孩子的最好的礼物。对于年幼的孩子来说，他们最怕失去的就是家人和朋友的陪伴。所以，妈妈可以常带孩子到游乐场玩耍，多与孩子一起进行亲子阅读、旅行等，这样不仅有助于增长孩子的见识，还会在无形中提高孩子的社交能力。

2 营造不断学习和成长的家庭氛围

在瞬息万变的时代背景下，当前家庭教育中存在的问题较多。在这种情况下，要想教育好孩子，妈妈需要营造一种不断提升和完善自己的家庭氛围。具体做法可以是多读一点儿教育孩子的书，也可以是思考如何做才能将孩子的尊严和心理健康放在重要位置，或者是参加必要的学习讲座和交流活动来提升自己的认知能力和教育能力。

3 营造充满爱和正能量的家庭氛围

充满爱的家庭往往表现为父母恩爱，家庭成员间彼此尊重和体谅。这样良好的家庭氛围，带给每个人的内心感受必定是充盈、愉悦，富有安全感且充满正能量的。在这样的家庭氛围中长大的孩子，其内心一定是强大的，学习能力和社会适应能力自然也不会很差。

4 营造民主、合作的家庭氛围

营造民主、合作的家庭氛围对孩子的成长是十分重要的。这就要求当意见不统一的时候，家人可以一起商量，尊重彼此，而不是忽冷忽热，动不动就发脾气；要求妈妈把孩子当成独立的个体，重视他的意见或建议，让他参与家庭的大小事务，增强他的家庭观念和独立做事的意识。尤其是当家里遇到事情时，如有兄弟姐妹病了，妈妈可以让孩子做一些力所能及的事情，这样有利于培养孩子面对生活和困难的勇气。

5 营造沟通和谐且顺畅的家庭氛围

营造沟通和谐且顺畅的家庭氛围可以帮助家庭成员更好地理解对方、包容彼此，避免因沟通不畅而产生误会和矛盾。在这样的家庭氛围中长大的孩子，会拥有健全的人格，而且会善于通过沟通来解决问题。

总的来说，营造一个充满陪伴、爱心、关怀、民主、包容和沟通和谐的家庭氛围，不仅对孩子的健康成长十分有益，而且对孩子稳定情绪的养成至关重要。这样做，能使孩子懂得如何摆脱敏感、脆弱，也能使孩子懂得如何面对失败、不被理解、孤独、失去等问题，从而变得内心强大。

自我调控情绪，做温和的妈妈

在教育孩子的过程中，我们都有不良情绪被激发的时候。每当这个时候，我们的大脑就会出现"要么战斗，要么逃跑"的应激模式。这时候，我们的身体已经做好了相应的准备。当肌肉绷紧、脉搏加快、呼吸急促时，这就证明我们的愤怒情绪就要被点燃了。这时候，要想让自己保持镇定是很困难的。

但是，被孩子激怒时，妈妈斥责孩子一顿，事情并不能得到有效的解决。事实上，斥责孩子只会让孩子变得更加紧张、小心谨慎，甚至出现攻击心理，并不能有效地纠正孩子的错误。

妈妈如果能积极地控制自己的愤怒等不良情绪，对自己和孩子都有好处。这样做不仅不会伤害孩子，还会为他们树立榜样。因为孩子肯定能观察到妈妈生气了，那么，妈妈正确的处理愤怒的方式便对他们有教育作用。这会让孩子意识到大人也会情绪不佳；或者意识到，愤怒是人类的一种自然情绪，以负责任的态度控制愤怒是成长的一部分。以下一些方法可以帮助妈妈们控制不良情绪，尤其是愤怒情绪。

1 深呼吸

当感觉到愤怒时，你需要设法释放出来。此时，你要停止活动，深呼吸，告诉自己这并不是紧急事件。做 10 次深呼吸以后，你就可以摆脱紧张的状态了。

进行深呼吸时，还可以设法让自己笑起来，这样可以缓解紧张的情绪，有效改变心情。因为迫使自己微笑，就相当于向神经系统释放信号，告知自己目前并没有发生紧急事件，这样就可以促使自己镇定下来。

2 通过运动释放不良情绪

运动或听音乐也是释放不良情绪的不错的方式。因为心情不佳时，坐着不动会加剧愤怒、焦虑或不安。所以，尝试一下做瑜伽，或者去户外散散步，或者跳一段轻快的舞蹈，让身体动起来，这样可以有效地放松紧张的肌肉和神经。

3 使用温和的语气和措辞

研究表明，我们讲话的态度越镇定，内心就会越平和，他人对此的反应也会越平静。同样，我们使用强硬的语气和措辞，会让我们和倾听者的情绪更加波动，使冲突的局面进一步升级。因此，使用温和的语气和措辞既可以让我们平静，又可以引导孩子正确地处理愤怒情绪。

4 改变观念，挖掘积极的一面

任何事情都有两面性，愤怒情绪也不例外。即使某个让你愤怒的状况可能极为消极，但其仍有一些正面的部分实际上对你有益。这时候，不妨找出其中积极的一面，紧紧抓着它以帮助你应对愤怒。

5 象征性地把愤怒"抛掉"

要想释放愤怒情绪，你可以象征性地把愤怒"抛掉"。比如：你可以将令自己生气的事情一一投射到小石头上，然后再用力抛出这些小石头；你也可以挑选一些海洋球，在上面写下令自己生气的事情，然后挑选一个合适的时间和地点把它们丢得远远的。

6 用正面回忆取代负面想法

当与怒气相关的回忆冒出来时，赶紧用一些正面回忆取代它，比如想一些令你高兴的往事，或是沉浸在"白日梦"中，可帮助你摆脱负面想法。

7 向亲友倾诉，发泄自己的情绪

向信任的亲友倾诉，获得对方的充分理解和安慰，是发泄不良情绪的主要途径之一。很多时候，我们一旦找到了释放不良情绪的出口，就能够释放自己的不满，这相当于给自己找了一些表达愤怒的对象和空间，可以防止我们的愤怒情绪在内心熊熊燃烧，从而避免迁怒他人。

总之，成功的妈妈似乎都有一个秘诀：她们更加平和与镇定，懂得抓住问题的本质，利用内心的智慧化解不良情绪，从而能与孩子和谐相处，而不是将孩子越推越远。

明确管教的边界，爱与规矩同在

在孩子成长的过程中，很多妈妈都有这样的困惑：对孩子管教得太严厉了，孩子就会越发叛逆；对孩子管教得太松了，孩子就会变得越来越没有规矩。所以，如何把握管教的度成了很多家长头疼的问题。

场景一

一天，妈妈带着 6 岁的小乐在超市购物。小乐兴奋地跑来跑去，一会儿抓一把大米，扔在地上，嘴里还不停地说着"下冰雹了！下冰雹了！"；一会儿又跑到果蔬区，拿起一个草莓咬了一口后，扔掉，说"不甜"……身后的妈妈看着他弄得一地狼藉，只能默默地摇头叹息。

场景二

5岁的欣欣在客厅的沙发上玩耍。突然，她站上沙发的靠背，准备把墙上掉下来的画重新挂上去。这时，妈妈厉声呵斥她："欣欣，快下来，危险！"于是，欣欣只好重新坐回沙发上。过了一会儿，欣欣感觉有点儿口渴，当她拿起玻璃杯正准备倒水喝时，妈妈又立刻制止她："快放下，烫手！"欣欣被突如其来的声音吓了一跳，手中的杯子也掉到地上摔碎了。欣欣打算"将功补过"去打扫碎玻璃时，妈妈赶紧把她推到一边，并批评她："你就知道闯祸，去墙角反省！"

以上两种场景是很多妈妈管教孩子时的真实写照。一种是放任自流，另一种是严格管束，这两种模式都达不到正面管教的目的。

那么，妈妈应该如何给孩子立规矩呢？妈妈应该在孩子的哪些行为上进行限制呢？也就是说，管教孩子的边界在哪里呢？其实，只要妈妈对孩子的行为进行分类，然后有区别地对待，问题就迎刃而解了。

孩子的行为，通常可以分为如下三类。

第一类是鼓励行为，即大人希望并认可的行为。

第二类是允许行为，即大人不认可，但在某方面能忍受的行为。

第三类是禁止行为，即大人无论如何都不能忍受，并且需要制止的行为。

对于以上三类行为，妈妈要给孩子设定一个明确的界限。当孩子知道每类行为的边界时，他就会觉得更安全，并且做事时更有据可依。

通常，对于第一类鼓励行为和第二类允许行为，相信妈妈们一般都能达成共识；对于第三类禁止行为，很多妈妈都会无计可施。

1 弄清楚哪些属于禁止行为

妈妈要禁止的孩子的行为，通常包括危害自己和身边人身体健康的行为、危害家庭和社会经济利益的行为、违反法律和道德的行为，以及社会公序良俗所不允许的行为等。

2 制止孩子行为时的注意事项

（1）要全面限制，表达清晰且语气坚定。

对于禁止行为，妈妈要全面限制，不要说模棱两可的话，否则会让孩子产生困惑。并且，在任何条件下，都要让孩子遵守这个限制规则。比如，当孩子用水枪向爷爷身上喷水时，妈妈如果说"别往爷爷身上喷，可以和妈妈玩"，这就属于无效的限制。

同时，在禁止孩子的行为时，妈妈语气要坚定。这样就会给孩子传递一个信号：这是一件严肃的事情，是需要认真对待的。

（2）可以给孩子替代行为。

面对年幼的孩子，在禁止他们的行为时，妈妈可以同时给他们一种替代行为。比如："你虽然不可以向人喷水，但可以用水枪给小鸭玩具洗澡。"面对妈妈给的替代行为，孩子一定会开心地接受的。

（3）共情感受并考虑孩子的自尊。

在禁止孩子的行为时，要想把孩子的不满降到最低，就要充分考虑孩子的自尊。这时候，妈妈要态度温和，适当共情孩子的感受，并且谨慎地表达出来。

比如，孩子想拿水枪喷家人时，妈妈制止后，可以同时对孩子说："因为妈妈制止了你，你是不是有点儿不高兴了？但是，水枪是玩具，不能用来对准家人。如果你愿意，你可以用它给你的玩具熊洗澡。"相信这样的表述一定会平复孩子的不快，也会让亲子关系更融洽。

温柔对待孩子的"六不"原则

妈妈常常是"温柔"与"慈爱"的代名词，在部分孩子的眼中，温柔又慈爱的妈妈往往是缺乏原则和分寸的。那么，温柔又慈爱的妈妈真的能教育出好孩子吗？

淘淘从小就爱哭闹，还喜欢站在沙发上蹦跳。为此，他没少挨家人的批评。稍大一些之后，淘淘喜欢翻墙，总是在两米高的墙上玩平衡走，他觉得那样既刺激又好玩，这让妈妈很担心。

妈妈发现淘淘虽然很聪明，但在学习上从来不用功，却喜欢用自己的小聪明去捉弄别人。在幼儿园里，他会把小虫子放在同学的文具盒里，还会怂恿小朋友上树摘果子。

　　等上了小学，淘淘上课不但不认真听讲，还经常做小动作打扰同学。妈妈为此苦口婆心地劝他，可淘淘就是屡教不改，他的这种不良行为甚至愈演愈烈。

　　相信很多妈妈都遇到过像淘淘这样调皮的孩子，往往孩子一淘气，妈妈就会气不打一处来，接着动手打骂起孩子来。结果，不仅起不到教育作用，反而孩子越来越不听管教，亲子关系也越来越差。其实，面对这种情况，妈妈要注意以下"六不"原则。

1 不体罚

　　体罚孩子是一些家长在教育孩子的过程中会用到的方法。其实，体罚孩子造成的不良后果往往是可怕的，如使孩子变得愤恨、叛逆或退缩。孩子在退缩时，会产生"下次不要被大人抓到"的想法，以致偷偷摸摸地做出不良行为，还会变得自卑，甚至产生"自己是个坏孩子，不被爱、不被需要"等不良认知。

2 不吼叫

　　妈妈不要因孩子调皮就随意对孩子吼叫，而是要逐渐规范孩子的行为。妈妈可以采用劝导和适当的惩罚的方法，让孩子知道就算自己调皮，有些事情也是不能做的。如果妈妈总是因为孩子的一点儿小错就对孩子吼叫，只会让孩子要么变得更叛逆，要么变得更自卑。

同时，当孩子情绪不佳时，妈妈注意不要受到孩子情绪变化的传染。当孩子的情绪出现波动时，妈妈更应该保持冷静，观察孩子的举动，等孩子平静下来再与其进行沟通。如果妈妈被孩子的负面情绪影响，用吼叫的方式强迫孩子冷静下来，反而会产生更严重的后果。

3 不谩骂

谩骂孩子通常容易出现五种不良的后果：一是容易使孩子产生自卑心理，否定自己，降低对自己的认同感；二是容易使孩子变得懦弱、优柔寡断，缺乏应有的担当以及强烈的责任感；三是容易使孩子产生逆反心理，出现越不让做什么就偏要做的局面；四是使孩子的情绪控制能力变差，变得易怒、冲动，缺乏耐心；五是影响亲子关系，使孩子失去对父母的信任，从而不利于孩子的成长。

4 不斥责

当看到孩子做错事，或者行为达不到自己的预期时，妈妈切忌一味地斥责孩子。因为斥责孩子会影响孩子的大脑发育，会让孩子的性格变得孤僻、懦弱，让孩子缺乏安全感，到了青春期会变得十分叛逆、喜怒无常，且具有攻击性。

5 不比较

许多妈妈总是不知不觉地将孩子与他的兄弟姐妹比较，或与别人家的孩子比较，这样做不但会破坏亲子关系，还会破坏孩子和被比较者之间的关系。同时，还会使孩子的自尊心和自信心受到严重的伤害，孩子会变得消极颓废，甚至感到绝望。

6 不威胁

当孩子犯错时，有的妈妈会收回爱意，甚至会吓唬孩子要将他遗弃。这对于年幼的孩子来说，是他们最难以承受的惩罚了。这个行为会使孩子出现恐惧、不安和低自尊等心理，容易变得"爱无能"，不懂得如何爱别人，甚至在心中滋生愤怒和恨意，继而出现一系列破坏性行为。

相信妈妈遵循以上"六不"原则，坚持身教大于言传的策略，采用严格与关爱结合的方法，并且多引导、多支持，有效地帮助，就是给孩子最好的教育。

当情绪不佳时，采用"积极暂停"的方法

在养育孩子的过程中，当看到孩子渐渐有了自己的思想和主见，再也不愿意顺从我们时，我们会感到有些失落。所以很多家长说还是孩子小的时候好，因为小时候的孩子比较听话，与家长的冲突比较少。

随着孩子年龄的逐渐增长，他们很容易因各种各样的问题而对父母不服气，或者不服从管教。这时，父母该怎么做呢？

妈妈带8岁的欣欣逛商场时，欣欣看上了一只超大号玩具熊，缠着妈妈给她买。那个玩具熊标价800多元，而且家里已经有一只大号的玩具熊了，为此，妈妈以商量的口吻说："欣欣，这要花去妈妈不少钱呢，而且家里已经有一个了。妈妈给你买新衣服，咱们不买玩具熊，好不好？"

欣欣毫不犹豫地说："不！我就要买玩具熊。我不要衣服。"

妈妈也毫不示弱地对欣欣说："不买！你已经有一只了。"

欣欣马上哭起来，边哭边说："我就要玩具熊。"

眼看亲子冲突一触即发，正当妈妈有点儿不知所措时，一位从事教育心理学研究的邻居刚好路过，见状对欣欣妈妈说："欣欣妈妈，和孩子沟通不畅时，你可以采用'积极暂停'的方法。"

"什么是'积极暂停'？"欣欣妈妈问道。

"所谓'积极暂停'，就像是给 CD 机按下暂停键一样，一切都会短暂地停止。很多时候，当产生矛盾时，人们总是容易变得情绪激动、行为冲动，唯有经过一段时间的冷静之后，才能让事情回到最本真的状态，当事人双方才能静下心来，心平气和地进行交流和沟通……"邻居解释道。

于是，妈妈照着邻居的建议做了。果然，欣欣冷静之后，放弃了买玩具熊的想法。最后，妈妈给欣欣买了一件新衣服，两人开开心心地回家了。

当亲子之间出现冲突时，如果双方都不暂停，就会出现两败俱伤的局面。因此，当遇到亲子沟通不畅，双方情绪不佳，并且常用的提醒、警告和商量都变得无效时，为了避免因情绪失控而导致事态失控，妈妈要学会恰当地使用"积极暂停"的方法。那么，如何实施呢？

1 妈妈要做"积极暂停"的发起人

当妈妈和孩子起冲突时，妈妈要承担起"积极暂停"发起人的责任，一旦发现自己或者孩子的情绪有失控的苗头，就要及时对孩子说："现在我们都太激动了，先让我们各自冷静一下，等会儿再来讨论问题的解决办法吧。"并且，妈妈还要给孩子预留"暂停角"，让孩子能够安全地在那里待着。

2 妈妈情绪失控时，要客观地表达自己的感受

在教育孩子的过程中，妈妈的暴躁、冲动等不理智的做法不仅不能解决孩子出现的问题，而且对孩子的身心发展不利。因此，当妈妈的不良情绪被孩子点燃时，妈妈在镇定下来之前，要尽可能少说话，只需说："我需要先平静一下，然后再和你讨论这个问题。"如果你休息了几分钟，仍然不能够心平气和地和孩子讨论问题，可以对孩子说："我希望再多思考一下，过会儿再谈。"

3 孩子情绪失控时，妈妈要表达暂停的原因和自己的感受

当孩子情绪已经失控时，妈妈可以对孩子说："我现在申请暂停，因为你的情绪已经失控了。而且，我现在也很生气，但是我压制住了怒火。我的目的是解决问题，而不是发泄自己的愤怒。"

4 在暂停期间，要设法使自己平静下来

暂停的主要目的是平息自己的怒气。你无论是单独待着，还是和孩子待在一个空间里，都不要觉得自己多有道理，也不要想着接下来给孩子怎样的教训。其实，在暂停的过程中，孩子已经从大人这里学会了如何冷静地控制自己的情绪，这是孩子成长路上的宝贵财富。

总而言之，要想减少亲子之间沟通时产生的误解和冲动，我们就要学会使用"积极暂停"的方法，从而为我们自身和孩子提供更多的冷静时间，也提供更大的思考空间。这样做，不但对我们的亲子交流有好处，而且对我们处理生活和工作中的其他事情也有利而无害。

第二章

情绪稳定的妈妈，
都是沟通高手

善用非语言交流的力量

　　在亲子互动中，很多妈妈过于依赖语言的沟通力量，以至于忽略了非语言的力量。这就是说，很多妈妈总是习惯用语言来表达对孩子的爱：询问他们的冷暖，叮嘱他们注意安全，鼓励他们好好学习……可是很多时候由于管教方式不当，如过度地批评和约束孩子，会冲淡孩子对妈妈的爱。久而久之，亲子关系就会出现问题。

　　其实，这时候妈妈可以通过非语言方式和孩子沟通，因为这能更加直观地让孩子意识到妈妈的态度。美国语言学家艾伯特·梅瑞宾提出过一个著名的沟通公式：沟通的总效果 = 7% 的语言 + 38% 的音调 + 55% 的面部表情。通过这个公式，我们能看出非语言信息的重要性，也就是说，人与人之间的沟通，只有 7% 是通过语言来实现的，而剩下的 93% 都是通过非语言来实现的。

科学研究发现：每一个年幼的孩子都可能患有"皮肤饥渴症"。相较于用语言来表达对孩子的爱，大人肢体上的爱抚更容易被儿童期的孩子感受到。

美国著名心理学家彼得·古帕斯给所有父母的忠告是：0~3 岁婴幼儿的父母一定要多拥抱孩子，因为这个年龄段的孩子更喜欢让父母抱着；3~6 岁的孩子同样也喜欢被父母拥抱。拥抱孩子是一种良好的亲子沟通方式。带有爱意的身体接触，特别是拥抱，对于孩子来说是一种非常重要的生命体验。

有研究发现：3~6 岁的孩子在闹情绪的时候，妈妈用言语上的安慰来平复他们情绪的效果是微乎其微的，但是拥抱和亲吻能让他们很快开心起来。而 10 岁以上的孩子往往比较害羞，不太愿意和大人亲密互动了，这时，我们可以用摸摸他们的头、拍拍他们的肩膀的方式来增进亲子间的心灵沟通。我们可以看看下面的案例。

一天放学后，瑞瑞和小伙伴们在小区里玩骑车比赛的游戏。瑞瑞为了得第一名，采用站姿快速骑行，一下就比其他人快了好多。骑着骑着，他回头看了看小伙伴们。正在他得意之际，车把一歪，他的自行车直接撞在了一辆汽车上。汽车的车门处出现了一点儿划痕。瑞瑞觉得事情有点儿严重，决定将这件事告诉妈妈。

妈妈听瑞瑞说完事情的来龙去脉，站起来轻轻地拍了拍瑞瑞的肩膀，说："儿子，别怕，妈妈去和车主联系。你勇于承认错误就是好样的，妈妈不会批评你。"

那么，妈妈如何运用非语言的方式来增进亲子沟通呢？

1 根据孩子的不同年龄段选择不同的方式

前面说过，不同年龄段的孩子，对非语言信号的反应是不同的。妈妈要想使亲子关系更融洽，不妨先了解孩子的心理特点和年龄特点，无论是眼神示意，还是摆手示意，或者是拥抱、亲吻孩子，又或是拍拍孩子的肩膀等行为，都要根据具体情况来选择。

2 批评或指正时，眼神要坚定

如果孩子犯错了，妈妈要想通过肢体语言来传达自己的想法，达到非语言交流的目的，妈妈就要稳定自己的情绪，不可情绪暴躁、气急败坏地打骂孩子，可通过坚定的眼神，加上制止的身体语言让孩子明白妈妈的态度。

3 及时反馈孩子的正确行为

对孩子的正确行为，很多妈妈倾向于不肯定，并且面色平静地给孩子"泼冷水"。其实，这么做不仅容易挫伤孩子的积极性，还会使孩子在心里怀疑妈妈对自己的爱。因此，当孩子完成妈妈安排的事情时，妈妈要及时竖起自己的大拇指表示赞赏，这会让孩子认为自己是被妈妈关注的，并且自己做的事情充满了意义，孩子就会正向强化自己的行为。

4　非语言交流需要看时机

在孩子情绪非常激动的时候，妈妈应当避免只使用非语言方式进行沟通，因为这时的孩子无法领会妈妈的意思，甚至还会对妈妈的意思产生误解。比如：孩子犯错的时候，妈妈应当采用语言和非语言相结合的沟通方式来达到更好的教育效果；孩子需要表扬的时候，妈妈可通过拥抱或者竖起大拇指来称赞他。

那么，在教育孩子时，何时用语言方式，何时用非语言方式呢？其实，随着孩子渐渐长大，妈妈越来越不需要从肢体层面去干预孩子。当孩子将不听话的想法用语言表达出来时，妈妈用语言表达自己的感受对其进行干预就够了。

恰当地询问，孩子才愿意交流

在亲子沟通中，很多妈妈都遇到过这样的情况：自己问了一大堆问题，孩子一个也不愿意回答时，自己顿时被气得火冒三丈。其实，妈妈向孩子提问的质量影响着孩子成长的质量。这就是说，只有运用恰当的提问方式，孩子才会高效地回答你的问题。

1 变封闭式提问为开放式提问

妈妈带菲菲到动物园玩。一到动物园，妈妈就开始对菲菲提问。

封闭式提问

妈妈："菲菲，去年爸妈带你来过这里，你还记得吗？"

菲菲："记得。"

妈妈："菲菲，你看动物园的鸡和奶奶家里养的鸡是不是不一样？"

菲菲："是。"

妈妈："菲菲，你看长颈鹿出来了，它的脖子长不长？"

菲菲："长。"

…………

上面例子中，妈妈与菲菲的沟通是存在不足的，因为妈妈提的问题全都是封闭式的，即一个问题的答案只有两种："是"和"否"。当面对妈妈这样的问题的时候，孩子便失去了深入思考的机会，而只能跟着妈妈的思路被动地接收信息。封闭式提问的后果就是容易使孩子的思维受限，不会对问题进行深入思考。

如果菲菲妈妈能够将封闭式问题换成开放性问题，那么效果就不一样了。

开放式提问

妈妈："菲菲，你记得咱们第一个看到的动物是什么吗？"

菲菲："我想想啊……是鸡。"

妈妈："菲菲，你说小长颈鹿怎么和大长颈鹿亲吻呢？"

菲菲："踮起脚？或者站在凳子上？又或者大长颈鹿蹲下

来吗？"

妈妈："菲菲，你说小猴子为什么那么活泼爱动呢？"

…………

由此可见，开放式的提问方式更能引发孩子的多向思考。孩子看到动物的特征很重要，这属于固有的知识，但由固有的知识展开的知识延伸更重要。孩子的大脑正处于生长期，妈妈如果能够帮助孩子主动思考，就可以促使孩子形成发散型思维。

2 变责备式提问为引导式提问

责备式提问

玲玲抱着露出了棉花的布娃娃，哭着对妈妈说："妈妈，我的娃娃破了。"

妈妈："你这孩子，真不听话，我不是告诉过你不许玩剪刀，你怎么就是不听呢？"

玲玲："可是我想看看娃娃的肚子里有什么。"

妈妈："破了就扔了吧。以后你再也别叫我给你买娃娃了！"

玲玲一言不发地站在一旁，眼里再次充满泪水。

要知道，年幼的孩子是没有生活经验的，他们不懂得成人眼中的是非对错，往往是根据自身的感觉来行事的。如果妈妈对还没有形成健全认知的孩子采取责备式说教，那么孩子好奇、好动的天性便会受到压抑，得不到释放。久而久之，孩子会变得无能、无力、无助、无望，甚至会产生心理疾病。

如果玲玲的妈妈能够意识到这一点，并且采用下面这种方式来引导玲玲，相信结果一定会大不相同。

引导式提问

玲玲抱着露出了棉花的布娃娃，哭着对妈妈说："妈妈，我的娃娃破了。"

妈妈："宝贝，别哭了。告诉妈妈你怎么把自己喜欢的娃娃给剪开了呢？"

玲玲："因为我想看看娃娃的肚子里有什么。"

妈妈："哦，是这样啊！那你看娃娃的肚皮都破了，它会很疼的。妈妈是医生，玲玲是护士，我们一起把娃娃缝好，好不好？"

玲玲："好！"

为了激发孩子的求知欲，同时也为了缓解紧张的局面，妈妈一定要运用智慧引导孩子表达内心的想法，这样才能了解孩子，进而有针对性地解决问题。而了解孩子的提问方式之一就是采取引导式的提问方式，多问孩子几个问题，努力了解孩子的内心想法，然后再与孩子一同寻找解决问题的办法。只有这样才能真正帮到孩子，促进孩子的成长。

3 变破坏式提问为建设式提问

破坏式提问

考试后，萱萱回到家。

妈妈："这次考了多少分？"

萱萱："语文 86 分，数学 68 分。"

妈妈："你为什么没考好？"

萱萱："因为您总是逼我考好，我压力很大，所以没考好。"

说到这里，请妈妈们一定要留意，如"你为什么没考好？""你为什么不能老实待会儿？"……这些都是破坏式提问的例子。破坏式提问的典型句子结构是"为什么 + 负面信息"。破坏式提问不仅对解决问题没有一点儿帮助，还会对孩子的自信心造成严重的打击。因为当我们问"为什么"时指向的是过去，其实就像在说：

"孩子做错了那件事情，孩子很差劲，孩子应该承担责任……"这会让孩子觉得自己很糟糕、很失败，这时他是很难做出回应的，更不能从中获得成长的能量。

建设式提问

考试后，萱萱回到家。

妈妈："萱萱，你觉得这次考得不理想的原因是什么？"

萱萱："我的语文成绩不如预期，是因为这次作文写偏题了。我的数学应用题比较差，需要提高。"

妈妈："那么，你觉得接下来怎样做才能有所进步呢？"

萱萱："语文的话，我打算在作文方面加强一下。数学的话，我想找做数学老师的姑姑教我如何解应用题。"

孩子成绩不理想或者某种行为出现了偏差，是由多种原因造成的，妈妈不要只纠结于当下的成绩，而是要寻找解决问题的方法，同时引导孩子主动去思考和解决类似的问题，如"你觉得下次怎样做才能更好呢？"这样的建设式提问会给孩子一种去改变现状的动力，从而取得更好的成绩。

尊重、理解孩子和与孩子共情

在现实生活中，很多妈妈在与孩子进行亲子沟通时，总是和孩子冲突不断，孩子表现得叛逆，常常令妈妈们情绪失控。

那么，妈妈如何做才能实现高效的亲子沟通呢？这就需要在尊重、理解和共情的基础上进行亲子沟通。

1 尊重孩子是爱孩子的前提

之所以要尊重孩子，是因为孩子一出生，就是一个独立的个体，而不是父母的附属物。因此，我们要尊重孩子，把孩子当成独立的个体看待。

纪伯伦在《致孩子》中写道：

你的孩子，其实不是你的孩子。

他们是生命渴望自身的儿女。

他们通过你出生，却并非因你而来，

他们虽然和你在一起，却不属于你。

给他们你的爱，而不是思想，

因为他们有自己的思想。

给他们的身体提供住房，但不要禁锢他们的心灵，

因为他们的心灵属于明天，属于你做梦也无法达到的明天。

从另一个角度来说，只有被尊重，孩子才可能获得自尊，并学会尊重他人，而自尊和尊重他人是成为一个具有健全人格的人的首要条件。家长是否尊重孩子，是能否实现高效亲子沟通的前提，对孩子一生的发展起重要作用，值得我们高度重视。

2 理解孩子，才能更好地教育孩子

只有理解孩子，才能更好地教育孩子。只有理解孩子，才能成为更好的家长，从而使孩子变得更优秀。要想理解孩子，妈妈就要遵从孩子的成长规律，陪孩子一点点进步，慢慢地成长。要想理

解孩子，妈妈就要理解孩子的情绪，理解孩子语言或行为背后的感受，然后接纳孩子的情绪，认同孩子的感受和需求。这样孩子才愿意表达自己，而妈妈也才能真正走进孩子的心里。

3 学会与孩子共情，才能使亲子关系更和谐

所谓与孩子共情，就是我们要设身处地地理解孩子，了解孩子的情绪、思维等。通常，要注意以下几点。

（1）要包容孩子的失望和愤怒，以及其他不良情绪。

（2）当孩子表达对某件事情的感受时，我们应该认真倾听，认可他的感受，而不是匆忙地提出解决办法。

（3）接纳孩子的感受并进行思考，并不意味着你赞同他的观点，提供支持。

（4）共情是和孩子促膝谈心，让他主动向你表达自己的感受，而不是揭开孩子的伤疤，研究伤口。

（5）我们的反应要与孩子的情绪对应起来。

此外，还要注意一点，就是保持与孩子情感上的联结。学着接纳和等待，让孩子有一些时间和空间面对自己的情绪，这样他才能学会处理好自己的情绪，和他人保持良好的沟通。

沟通时，先关照情绪，再处理问题

很多时候，我们和他人交流时之所以会沟通不畅，大多是因为没有先关照对方的情绪，而是直截了当地提要求，或者限制对方的行为。其实，心理学研究发现：人的每个行为或决定，都与自身当时的情绪息息相关。因此，只有把人的情绪关照到位了，后面的事情才会迎刃而解。

一个人的情绪决定着他的思维和行为。同样，妈妈的坏情绪不仅会使其丧失对孩子的体察和理解，也会使其将自己的坏情绪传染给孩子。同时，当孩子情绪不佳时，他就会过滤掉很多信息，包括妈妈对他的教育。所以，在沟通不畅时，妈妈要先关照好孩子的情绪，再处理问题，这样才能有针对性地了解孩子的真实想法，进而引导孩子采取相应的行动来解决问题。

星期天的午饭时间比平常晚了一点儿。饭前，妈妈让牛牛把玩具收拾好，但牛牛有点儿生气，不愿意收拾。这时候，妈妈开口了。

妈妈："牛牛，今天的午饭时间比平时晚了一点儿，你是不是有点儿饿了？"

牛牛："是的，我很饿。"

妈妈："在很饿的情况下，你就不太想收拾玩具，对不对？"

牛牛："对。一旦收拾那么多玩具，我就会更饿。"

妈妈："哦，原来如此。你如果能把玩具收拾好，就可以立刻吃两个甜甜圈哟。"

结果，妈妈话音刚落，牛牛就赶忙去收拾玩具了。

这位妈妈之所以能够说服牛牛收拾玩具，是因为她懂得运用沟通的技巧：她懂得尊重孩子，当孩子不愿意配合时，她没有大声地训斥孩子，而是心平气和地去引导孩子的行为向积极的方面转化——"你如果与我合作，就会得到奖励"。在这种积极信息的引导下，孩子自然会与妈妈合作。

妈妈们要想让孩子积极合作，还需要注意以下几点。

1 允许孩子的负面情绪存在

负面情绪，如悲伤、生气、失望、焦虑等的存在，都是正常的。面对孩子的负面情绪，妈妈不要感觉恐慌，也不要想尽一切办法来阻止孩子负面情绪的出现。比如：为了使孩子不再生气，有的妈妈竟答应孩子的无理要求；当孩子因伤心而哭泣时，很多妈妈会冲孩子大吼"不许哭！""把眼泪憋回去！""你再哭，我就不要你了！"……

其实，妈妈们的这种沟通方式就等于给了孩子这样一种暗示：有负面情绪不对，不允许有负面情绪。

2 肯定孩子的感受，教孩子释放不良情绪

哭泣是一种很正常的行为，它也是一种表达情绪的方式。所以，无论是何种原因引起的，妈妈都要允许孩子哭泣，并且引导孩子接纳自己的情绪。

其实，一旦妈妈能够接受孩子的哭泣，并且适时安抚他，孩子就会觉得他是被疼爱、被保护的，就会回馈给妈妈更多的爱和配合，同时孩子能够获得更多的安全感及爱人的能力。在这个过程中，妈妈也可以教孩子通过深呼吸、运动等方式释放不良情绪。

3 引导孩子解决问题

待孩子情绪平复之后，妈妈要让他自己思考如何解决问题，而不是代替他解决问题。在很多家庭里，孩子惹出麻烦后，总是找家长帮他找解决方法。要想让孩子成长，应该给他机会，让他学会解决自己惹出来的问题或麻烦。这才是正确地帮助孩子成长的做法。妈妈切忌包办孩子的大小事务，否则养出来的孩子将会是个"巨婴"。

不羞辱，客观地陈述感受和想法

在教育和培养孩子的过程中，你是否遇到过这样的时刻：自己好心好意地劝说和建议，换来的只是孩子的厌烦、叛逆，或者"左耳朵进，右耳朵出"。

这时候，作为家长，妈妈需要做的事情之一是认认真真地反省自己的说话方式。因为我们在和孩子沟通的时候，如果带有明显的控制、强制、主宰孩子行为与思想的强烈欲望，并且表现得急切、激进，斥责、羞辱、打骂孩子，那么孩子就会出现厌烦、叛逆等行为，结果就是与孩子的关系变得越来越差。

鉴于此，妈妈应该站在孩子的立场，客观地陈述孩子的感受和想法，了解孩子内心真正的所想、所需，才能真正把话说到孩子心里去，从而实现说服孩子的目的。

　　邻居家的孩子小乐到林林家做客。可是，当小乐想要拿林林的玩具玩时，林林总是从小乐手中迅速夺回，而且会不高兴地说："这是我的，你不许动！"小乐只要拿起一件玩具，林林就会这样做，这使得小乐非常生气。

　　于是，在林林玩玩具的时候，小乐就会想办法来破坏：不是把林林的积木故意推倒，就是把林林的玩具小熊踢得远远的……两个孩子之间的"战争"一触即发。

　　看到这样的情形，妈妈赶紧把林林叫到一旁，心平气和地对林林说："小乐刚来咱家玩的时候，你看上去很高兴，也很欢迎他，是不是？"

　　林林回答说："是的。可是他总抢我的玩具……"

　　妈妈听到林林的"控诉"后，仍然很平静地说："是你先不让小乐玩你的玩具，他才破坏你的玩具的。你是怕他弄坏你的玩具，才不让他动，还是你只想一个人玩这些玩具？"

　　听了妈妈的话，林林回答说："我只想自己玩这些玩具。"

　　妈妈听完，说道："你觉得一个人玩玩具可以完全按照自己的想法去玩，这样玩起来会更高兴。你是这样想的吗？"

林林用力地点了点头，表明妈妈这一次真正猜到了自己的心思。

看到林林点头，妈妈知道说服孩子的关键时刻到了。于是，她提高音量，说道："可是，你自己玩玩具以后，却没有获得自己预想中的快乐，因为小乐不停地在旁边捣乱。可这不能怪他，因为他手里没有任何玩具可以玩。如果你和小乐一起玩这些玩具，或者各自拿一些玩具玩，那你们两个人就都高兴了，对不对？"

妈妈看到林林还有几分不情愿，就又说："记得上次咱们去小乐家，小乐很热情，他还把整个玩具箱都搬出来，让你随便挑。你当时感觉很好，而且那次和小乐玩得也很开心，是这样吗？"

待妈妈说完，林林快步跑到自己的房间，也把自己的玩具箱搬了出来，并且告诉小乐可以挑自己喜欢的玩具和他一起玩。

可见，当遇到冲突时，妈妈客观地陈述孩子和感受和想法，而不对孩子的人品和尊严进行羞辱或攻击，这样沟通会有效得多。

如果妈妈用羞辱去控制孩子的行为，他很可能会感到愤怒、绝望和无助。因此，孩子可能会为自己的行为辩护，而不是承认他所做的事情是错的。

相反，妈妈用平和的语气帮孩子理顺思路，充分理解孩子内心真实的想法，然后通过共情和理解的方式，让孩子意识到自己行为的失当，孩子便会对此感到内疚，继而主动解决问题，才是高效沟通之道。

值得提醒的是，妈妈表达自己的感受或想法时，可以用人称代词"我"或"你"开头，客观地表达自己的真实情绪，如"我很难过，因为你总是不好好学习""我有点儿担心你。你放学后一直在玩游戏"等，描述孩子不被许可的行为即可。

但是，妈妈如果要表达的是孩子的感受和想法时，可以用"你当时是……""你是这样想的吗？""你觉得……是这样吗？"来判断。

区分感受和行为：
宽容感受，限制行为

很多家长反馈说，自己看了一些教育孩子的图书之后，会遇到一个困惑：有的书要求孩子"说出你的感受"，有的则说"别胡乱发脾气""生气是不对的"。的确，出现这种困惑，反而不利于亲子沟通。

其实，之所以会出现这样的困惑，主要是因为我们没有很好地区分情绪中的感受和行为，以至于无法对感受和行为区别对待。

> 轩轩："我真想揍洋洋一顿！"
>
> 妈妈："为什么？出什么事了？"

軒轩："他把我的课本扔到地上了！"

妈妈："那你是不是先惹他了？"

軒轩："没有！"

妈妈："你敢肯定？"

軒轩："我发誓，我根本没动他。"

妈妈："那好。洋洋是你的朋友，你如果听我的，就把这件事儿忘了吧。我知道你也肯定有错。有时是你先惹事儿，然后又埋怨别人。"

軒轩："才不是呢！是他先惹我的……哼！我不跟您说了，您不讲道理！"

在上述案例中，亲子沟通不畅，因为妈妈没有区分軒轩的感受和行为。真正懂得教育孩子的妈妈，或者懂儿童教育心理学的妈妈，她们面对同样的问题时，亲子对话通常是这样进行的。

軒轩："我真想揍洋洋一顿！"

妈妈："哇，你这么生气呀！"

軒轩："您知道他干了什么吗？他把我的课本抢过去扔到地上了！我根本没惹他！"

妈妈："哦。"

轩轩："我猜他一定以为是我把他的钢笔弄到地上摔坏了。"

妈妈："你觉得是这么一回事呀？"

轩轩："是的。他在哭的时候一直朝我看！"

妈妈："哦。"

轩轩："但是我没想弄坏他的钢笔！"

妈妈："你是这样想的？"

轩轩："嗯。我不是故意弄坏的。是别的同学推我，我撞到了桌子上。我有什么办法?！"

妈妈："哦，原来是别的同学推了你。"

轩轩："是的，好多东西都掉到地上了，只有那支钢笔摔坏了。"

妈妈："你真的没想弄坏那支钢笔？"

轩轩："是的。但他不肯相信我。"

妈妈："你觉得如果你说实话，他不会相信你？"

轩轩："我不知道……不管怎样，我会去向他说实话，不管他信不信。而且他也应该向我赔礼道歉，他不该把我的课本扔到地上。"

在上述案例中，妈妈通过心平气和的对话，并没有问任何多余的问题，就引导轩轩把事情的经过告诉她了。她并未给出一字的指导，但轩轩自己找出了解决办法。她仅仅通过倾听并承认轩轩的感受，区分了轩轩的感受和行为后，她竟能给予轩轩那么大的帮助。

那么，我们应该如何区分情绪中的感受和行为呢？

1 允许感受和身体感觉存在

情绪由感受、身体感觉、想法和行为四部分构成。

在这四部分里，感受和身体感觉，无论好坏，都是没有对错的。因为基于对刺激事件的想法，产生这样的感受和身体感觉，是人体正常的反应。所以，我们要允许孩子的感受和身体感觉存在，而不要压制孩子表达这些。

2 引导想法和行为

对于感受和身体感觉，我们要充分接受并肯定它们的存在。对于情绪的其余两个部分——想法和行为，若是不好的，则是可以引导孩子去调整和改变的。

总的来说，对孩子所有的感受、愿望、欲望和幻想，应该宽容对待，不管它们是积极的、消极的，还是矛盾的。像我们大人一样，孩子也无法消除自己的感受。所以，我们要允许孩子的各种感受存在，同时给孩子划清界限，即明确管教的边界。

3 宽容感受，限制行为

年幼的孩子如果没有家长的限制，他们就会按照自己的想法冲动行事。所以，我们要宽容孩子的感受，对孩子的不良行为要严格限制，告诉他们哪些行为是可以的，哪些行为是不可以的。

就拿轩轩的案例来讲，妈妈可以这样和孩子展开对话：

针对轩轩的表达，妈妈可以说："轩轩，你感到生气，这样的感受是正常的。但是，你想揍洋洋一顿这样的想法是不可取的。"

针对轩轩的行为，妈妈可以说："你感到气愤，是正常的，也是允许的。但是，洋洋的钢笔因为你而被摔坏了，这是需要你出面解决的问题。"

第三章

掌握『五不』法则，做温柔的引导者

不苟求，孩子的人生才有无限可能

在现实生活中，有的妈妈不管孩子的年龄大小，也不管孩子能否做到，总是提出过高的要求。但是年幼的孩子往往有口难言，只能被动接受。而年龄稍微大一点儿的孩子，对此要么漠视，要么对抗。

要想让孩子配合我们，我们就不要逼迫孩子，也不要过于苛求孩子，而应该从爱孩子的角度出发，充分运用我们的智慧来引导和教育孩子。

在幼儿园里，壮壮总是一个人缩在角落里，看着别的小朋友争先恐后地玩游戏，他不参与；班级组织讲故事活动，他只在一旁静静地听，从来不参加……幼儿园的老师发现了这一现象，就忍不住想：壮壮这是怎么了？

老师在和壮壮的爸爸妈妈沟通后，得知壮壮的妈妈是一家外企的领导，壮壮的爸爸是一所高校的教授。老师心想：像这样令人羡慕的夫妻俩，怎么会养出这么自卑的孩子呢？

经过了解，老师发现这对夫妻在对壮壮的教育问题上比较严苛，在家处于绝对权威的地位。父母能力太强，过于追求完美，自然就对壮壮的要求高，期望也高。而年幼的壮壮不可能将所有的事情都做得很完美，自然就会受到父母过多的批评和指责，从而使他怀疑自己的能力，变得越来越自卑。

孩子受年龄、生活经验等的限制，不可能将所有事情都做得很完美，因此我们一定不能对孩子要求过高。倘若我们总是批评、指责孩子，就会伤害他的自尊心，让他变得没有自信。所以，我们想要抱怨的时候，要先想一下：孩子所犯的错误是否与他的年龄有关？几年之后的他是否还会这样做？我们如果得到的答案是否定的，那么就停止自己的苛求吧！

那么，我们应该怎样做才能不苛求孩子，让孩子变得越来越好呢？

1 根据孩子的实际发展状况，提合理要求

在对孩子提要求的时候，应该根据他自身的能力，一定不能过高地要求孩子。比如，孩子一开始学习成绩不好，我们不能一下子要求他考第一名，应该适当放低标准，只要孩子每天都进步一点点就可以了。对于孩子的进步，妈妈要及时给予表扬，让孩子得到鼓励，这样，他才会不断地取得进步。比如，如果孩子通过努力考了75分，要先和孩子分享得75分的喜悦，肯定孩子的努力。妈妈表现出知足，并认真和孩子看卷子，诚恳地说："这些题不简单，能考到这分数，说明很努力了。"孩子得到安慰和鼓舞以后，就会激发自主向上的热情，会豪迈地对妈妈说：下次一定超过75分。

2 允许试错，宽容孩子的个别行为

有些孩子有很强的自尊心，一旦做错事情，就会很内疚。妈妈倘若再对孩子冷嘲热讽，就会使他的自尊心受到伤害，让孩子变得自卑起来，甚至让孩子从此一蹶不振。我们要知道，孩子成长的过程就是犯错的过程。对孩子来说，做错事情是再正常不过的了，我们应该多宽容和体谅孩子，只要孩子认识到自己的错误，下次不再犯就可以了。当然，这么做的前提是，孩子犯的都是小错误，并非原则性的大错误。

3 　从不完美中找到优点去鼓励

　　每个孩子都是不完美的，妈妈不要用完美的眼光去看待孩子，而是要设法发现孩子的优点予以鼓励，或者从孩子错误的行为中肯定他的美好的出发点，这样就会化抱怨为鼓励和帮助。

　　比如，如果孩子不喜欢打招呼，家长就不要强迫孩子，并且还可以告诉孩子，微笑、招手、点头一样可以表示礼貌的问候；同时，可以给孩子选择的自由，也就是给孩子足够的尊重和理解。

不娇纵，别让爱中带着伤害

　　一切为了孩子，为了孩子的一切，这是很多家长的心声。家长们忙忙碌碌，省吃俭用，给孩子最好的一切，甚至包办了孩子的一切事务……殊不知，家长这样毫无保留地付出，会使孩子养成骄纵、任性、自私的性格。

　　妈妈们要知道，娇纵孩子就是在无意中伤害你的孩子。妈妈们千万不要把孩子养成刁蛮任性的小霸王或小公主，因为他们终有一天会长大，离开安逸的城堡，独自到外面的世界去闯荡，不可能永远被家人包容。所以，明智的妈妈们都懂得让孩子做力所能及的事情，管教他们，使他们友好、宽容地与他人相处，这样孩子才能成长得更好。

1 孩子说"不"时，采取不娇纵策略

孩子喜欢对大人说"不"，是一种很正常的现象。不过，凡事不能太过，如果一味听之任之，很容易使孩子养成任性、骄纵的性格。所以，当孩子总是用"不"来达到自己的目的时，妈妈要做好以下几点。

第一，和孩子心平气和地讲道理，告诉孩子不能满足其要求的原因。

第二，想办法转移孩子的注意力，可以用一种孩子喜欢的替代事物吸引他，让他忘记自己的无理要求。

第三，如果讲道理行不通的话，那么妈妈应该表明自己的态度，最好直接走开，通过这种冷处理的方法让孩子放弃自己不合理的要求。

2 过度地赞美、奖励会使孩子骄纵

过度地赞美、奖励孩子，同样会使孩子骄纵，影响孩子自我认知的良性发展。孩子无法承受太多的表扬，那会令他感觉不到其中的价值，也难以认真对待他人对自己的评价。同时，过度地赞美或奖励孩子，容易使孩子形成心理压力，并且容易使孩子过度依赖他人的认同，变得自大和骄纵，一旦受挫就会一蹶不振。

3 包办孩子的大小事务，就是娇纵孩子

孩子在小的时候，想和大人一起做家务时，妈妈不要拒绝他，可以适当让孩子参与。否则，就是娇纵孩子。以下是广受国内外家长推崇的儿童家务清单，分享给大家。

9~24个月：妈妈可以适当地给孩子一些简单易行的指示，如让孩子自己把脏的尿不湿扔到垃圾桶里。

2~3岁：能在家长的指示下把垃圾扔进垃圾箱；当妈妈有需要时，帮忙拿取物品；把衣服挂上衣架；正确使用马桶；刷牙；浇花；晚上睡觉前整理好自己的玩具。

3~4岁：在大人的引导下到大门口取回快递；喂宠物；饭后自己把盘子、碗放到厨房的水池里；睡前帮妈妈铺床，如拿枕头、被子等；帮妈妈把叠好的干净衣服放回衣柜；把自己的脏衣服放到脏衣篮里；更好地使用马桶；洗手；更仔细地刷牙；认真地浇花；单独收拾自己的玩具。

4~5岁：能独立到门口取回快递；准备餐具（拿筷子、碗，并摆好）；饭后把餐具放回厨房；铺床；把洗好、晒干的衣服叠好放回衣柜（能正确叠不同的衣服）；准备第二天要穿的衣服。

5~6岁：能帮忙擦桌子；从帮妈妈拿走脏床单，并拿来干净的床单开始，到能自己铺床、换床单；自己准备第二天上幼儿园要穿的鞋、要用的书包等；收拾房间（把乱放的东西捡起来并放回原处）。

总的来说，妈妈适当地偷一点儿懒，并不意味着不负责任。刚开始时，可以通过聊天、讲故事等方式让孩子明白"自己的事情要自己做"的道理，引导孩子从身边的小事做起，由易到难，循序渐进。对此，妈妈要有信心和耐心，不要担心孩子做不好，或者害怕孩子帮倒忙；对孩子应该多表扬、多鼓励，少埋怨、少指责，促使孩子不断进步。

不掌控，孩子才不叛逆

很多妈妈都有这样的困扰：虽然跳出了娇纵型家长的坑，却入了掌控型家长的道。他们怕自己稍微不注意，就影响了孩子的良好发展，继而采用专制、命令、奚落等方法来教育孩子，导致孩子变得叛逆。

那么，在管教孩子的过程中，什么样的家长是掌控型的呢？以下的简单测试可以帮助大家初步判断自己是否属于控制欲很强的家长。

（1）当孩子做错事时，你会让他为自己的行为而感到羞愧吗？

（2）当孩子做了不该做的事情时，你会对他冷暴力，直到他主动道歉为止吗？

（3）当孩子做了一些令你不满意的事情时，你会对他冷暴力，直到他表现得更好为止吗？

（4）当孩子没顺着你的思路思考，你会变得不那么友好吗？

（5）当孩子的表现没有达到你的预期时，你会让他感到内疚，或者说他不如别的孩子优秀吗？

（6）当孩子伤害你的感情时，你会惩罚他，直到他重新让你高兴起来为止吗？

（7）和孩子交谈时，你会试图掌控谈话的主题吗？

（8）和孩子发生争论时，你会说"等你长大了就懂我的心了"吗？

（9）你会告诉孩子，你所做的一切都是为他好，他不应该对此有质疑吗？

（10）你会告诉孩子自己为他做过哪些牺牲吗？

对于以上问题，如果你的答案是"是"，且超过 6 个的话，说明你已经达到了控制孩子的中高级别，就千万要重视了。那么，我们应该如何改掉对孩子的掌控行为呢？

1 尊重孩子的发言权，少而精地管教

妈妈管得太多，管得太琐碎，容易使孩子产生厌烦心理。因此，要充分尊重孩子的发言权，给孩子宣泄情绪、畅所欲言的机会。当孩子说出令我们不解的想法时，要先试着问问孩子为什么会这样，耐心地倾听并给予理解。并且，平时不要事无巨细地管教孩子，可以抓住一些主要的事情一管到底，这样做往往更有效。

2 对孩子的期待要合理

掌控型家长对孩子的期望往往很高。在掌控型家长的管教下，孩子虽然成绩很好，能够以负责任的态度管理自我，不惹是生非，但是得到家长给予的尊重和肯定偏少。研究表明，这类家长的孩子在十几岁时，可能会表现得很叛逆，他们不习惯独立思考，或者对自己的行为负责。

3 把部分选择权还给孩子

在生活、学习中，只要不涉及原则性问题，妈妈就可以把选择权交给孩子。虽然年幼的孩子不懂得如何做选择，但妈妈适当给

孩子自主选择的权利非常重要，这样不仅能锻炼孩子的自主性，还能培养孩子适应社会的能力。对于如何选择，妈妈可以从多方面引导，比如，早上起床时可以问孩子："这几件衣服中，你想穿哪一件？"逛商场的时候可以对孩子说："你想要什么礼物，自己去看看吧！不过只能挑一件哟！"吃饭的时候可以问孩子："你想喝点儿什么？"当然，如果孩子的要求不合理，妈妈也要善加引导，并且告诉孩子要对自己的选择负责。

4 戒掉非理性的批评和精神操控

正如前面测试中提到的一样，很多妈妈往往会通过非理性的批评和情感胁迫等方式来管教孩子，比如："你这样做，就是不孝顺！""我为了你放弃了大好前程，你却不听我的。"这些言语会打击孩子的自尊和自信。

总的来说，妈妈要试着打消控制孩子，或者让孩子按照大人认为对的方式做事的念头，这是建立良好亲子关系的前提之一。对孩子的那些让大人发怒的行为，妈妈要做的就是控制好自己的情绪。控制好自己，而不是孩子，这种认知能引导妈妈和孩子建立开放的，充满爱和尊重的亲子关系。

不漠视，提升孩子的心智带宽

和掌控型家长、娇纵型家长不同，漠视型家长呈现出另外一种教养状态，对孩子的成长也十分不利。因为这类家长对孩子只做到了"养活"，却没有做到"养育"。也就是说，他们仅对孩子进行基本的生活照料，但是几乎不和孩子沟通，亲子关系较为疏离。

下面我们用著名的"静止脸实验"的第二阶段的实验内容来加以说明。

实验者让妈妈不对宝宝的动作、笑声做任何反馈，用没有表情的脸看着宝宝，宝宝马上就察觉到了，他也开始严肃起来。

宝宝使出浑身解数吸引妈妈的注意，比如：他对着妈妈呵呵笑，试图带动妈妈，逗笑妈妈；他动来动去，希望妈妈做出反馈；等等。

孩子尝试多次后，发现妈妈依然无视他，他马上表现出强烈的负面情绪，转身到处看，感到巨大的压力，感到崩溃与绝望，随后放声大哭。

通过仪器监测发现，这段时间内孩子的心跳加速，体内压力激素增加。如果长时间持续下去，可能会引起孩子大脑关键部位的细胞死亡。

这个经典的"静止脸实验"的第二阶段的实验内容，恰好说明了漠视孩子带来的不良后果。我们可以看出，在这个阶段，冷若冰霜的妈妈对孩子内心的伤害何其大。尤其是"如果长时间持续下去，可能会引起孩子大脑关键部位的细胞死亡"，值得我们每位家长深思。

很多家长受原生家庭或其他因素影响，不善于表达自己的爱，忽视了与孩子进行心与心的交流，或者常常漠视孩子的各种表达，不仅不引导孩子说出心里话，更不向孩子敞开心扉，这恰恰是造成亲子间交流障碍的主要原因。因此，你如果爱孩子，请别漠视孩子。

有一部获奖的法国动画《伤痕俱乐部》，主要讲述了男孩芬恩和他的朋友们居住在一个小镇上，因为共同的"伤痕"，他们玩在了一起。只不过芬恩的朋友们身上常常带着紫红色的伤痕，而芬恩的与他们的不同，他的是如星辰般的蓝色伤痕。

　　一次，芬恩和朋友们聚在一起，阻止他的一个朋友抓挠身上的伤痕，并说"伤痕是很美的"时，他被朋友们推开了。

　　对此充满迷惑的芬恩回到家，家里气氛低沉，除了电视里发出的声音，再无其他。芬恩走到妈妈身边，问妈妈身上的印迹是不是很丑。妈妈忙着看电视，没有回应他，还直接调高了电视的音量，示意他不要再说话。芬恩拉着妈妈的衣服，喊"妈妈"时，他开心地以为妈妈终于注意到自己，谁知竟被妈妈冷冷地推开了……

　　这让芬恩的心灵受伤到了极致，他跪倒在地，周围的一切仿佛都坍塌成了碎末，他的浑身布满了星辰……这使芬恩意识到自己和朋友们伤痕的不同：朋友们的伤痕是身体上的，但他的伤痕是精神上的。

这部关于童年时期创伤的动画,深深地震撼了我们。通过短片,我们看到了儿童的身体伤痕和精神伤痕,引领我们重视那些由家庭给孩子造成的心理问题。

每个人都有被爱、被理解、被尊重、被肯定的需求,孩子自然也不例外。他们也希望他人能耐心地倾听他们的想法,理解他们,能站在他们的立场想一想。如果家长,尤其是妈妈,一再漠视他们的需求和想法,他们就会伤心、会生气,并且会封闭自己的内心,会不断否定自我,缺乏自信心和勇气,从而变得自卑、淡漠。所以,请家长不要冷漠地对待孩子,让爱中减少一些不必要的伤害吧!

不贬抑，好孩子是夸出来的

很多家长在教育孩子时，容易走进贬抑孩子的误区，究其原因，主要包括家长对成功的认知有偏差、孩子没有达到家长的期望等。

著名教育专家李玫瑾曾对 1000 名未成年人做过一项调查，结果显示：如果一个孩子经常受到来自家长的贬低，会很不利于孩子良好性格的形成。其中，有 25.7% 的孩子变得自卑、抑郁，有 22.1% 的孩子变得冷酷，还有 56.5% 的孩子经常情绪失控。所以，从现在起，不要做贬低孩子的妈妈，因为好孩子往往都是肯定、鼓励和夸出来的。

妈妈下班刚进门，就听到朵朵的哭声。

"朵朵怎么哭了？"妈妈忍不住问道。朵朵说出了事情的原委。原来朵朵在练习写自己的名字，可姓她写得不好，爸爸让她重写，她不同意。爸爸假装生气地说："像你这样的孩子，以后老师一定会批评你的！"就这么一句话，惹得朵朵边哭边喊："我这么聪明，老师会批评我吗？"

妈妈听完后，意识到爸爸随便给孩子贴这样的标签确实不妥，赶忙对朵朵说："爸爸说错了，不要哭了……我家朵朵这么聪明，是不会被老师批评的！妈妈到一年级时还写不好自己的名字……"

妈妈帮朵朵擦干了眼泪。很快，朵朵停止了哭泣，心情平静了下来。

"朵朵，你的名字写得不错，但如果这里再写大一点，就更漂亮了。"妈妈边说边示范了一下，"你想不想再来写一下？"

"好啊，我来写吧！"朵朵写完之后骄傲地说，"现在写得不错了吧！"

一场小小的风波就此结束了。

那在教孩子的过程中，妈妈要怎样做才能避免贬低孩子呢？

1 少说反话

我们在对孩子说反话的时候，一定要把握好尺度，对孩子来说，反话是一种压力，我们不要让这种压力将孩子击垮，要将压力变为孩子的动力。因为反话如果说得不好，往往会给孩子带来不良的影响，会让孩子认为妈妈没有对自己说真话，从而不再信任妈妈。这样不利于培养孩子的信心，也不利于孩子建立良好的人际关系。

我们骑单车的时候，要时时刻刻查看路况，教育孩子也是如此。当我们用反话激励孩子时，应该时常观察孩子的反应。正话反说对有的孩子来说，也许能达到教育的目的，但并不表示所有孩子都适合这种方法。教育孩子的方法要因人而异，要因材施教。如果与孩子交流的时候，孩子对反话的反应过于激烈或者没有反应，我们就要马上停止该方法。

2 不给孩子贴负面标签

大人的言谈举止会给孩子传递爱与信任，也会传递失望与贬低。孩子往往是从大人的言谈举止中获悉自己是什么样的人、能成为什么样的人，以及关于人和人生的认知的。所以，妈妈不要说贬低和否定孩子的话，更不要随意给孩子贴负面标签。希望以下这些话，你以后尽量不要说。

- 孩子见人没有打招呼时，说孩子"内向，不爱说话"。

- 孩子进门之前没有敲门时，说："你怎么这么没礼貌？"

- 孩子没有收拾好自己的物品时，说："没有像你这么懒的孩子！"

- 孩子管不住嘴，爱吃零食时，说："你还敢吃？还嫌自己不够胖吗?！"

- 孩子一次考试没考好时，说："我看你就这样了，以后也不会考好。"

- 孩子开始注重外在形象时，说："就知道臭美，有这工夫怎么不好好学习？"

- 孩子因帮助他人而受到伤害时，警告孩子："以后不要再多管闲事了！"

3 适当地给予孩子鼓励和赞赏

要知道，家长的信任与鼓励对成长过程中的孩子来说就像阳光之于禾苗一样必不可少。孩子收获成功时，最需要的是来自家长的鼓励和赞赏。但是，很多妈妈认为给孩子鼓励和赞赏，容易让孩子变得骄傲自满。其实，只要掌握好鼓励和赞赏的度，真心祝贺孩子，就能够促使孩子变得更加优秀。

第四章

情绪温和的『听、说、读、写』教养策略

主动倾听，是教育孩子的"标配"

"如何才能与孩子畅通无阻地沟通？"这是很多家长十分关心的问题，也是亲子沟通中的痛点和难点。

心理学研究和多项调查显示：亲子之间的沟通障碍在很大程度上源自倾听的缺失。所以，在与孩子沟通时，妈妈要学会主动倾听，才能充分了解孩子的内在需求，从而有针对性地和孩子进行良好的沟通。

周六的早上，芯芯问妈妈："妈妈，您今天要干什么呀？"

"妈妈今天不休息，要去别的城市签份合同。芯芯是不是有什么事情需要妈妈陪你做？"妈妈揣摩着芯芯的心思，问道。

"都周六了，您还不能休息呀！您就不能陪一下我吗？那……您……要去多久啊？"芯芯一边抱怨，一边询问。

妈妈一听芯芯这样抱怨，意识到她的情绪有点儿不佳，便耐心地向芯芯解释："妈妈要和同事一起赶今天上午 9：20 的高铁，预计最早下午 2：30 才能回来。芯芯，我猜你今天是想和妈妈一起做些什么事情，对不对？"

"嗯，对呀。我想让您陪我到郊外放风筝。而且，昨天下午放学时我和露露说好了，我和她说您一定会带我们去玩的。可是您却不能带我们去了，我要是和露露说不能去了，那我多没面子啊！我怕露露会说我是一个说话不算话的人……"芯芯一口气说了好多话。

妈妈认真地倾听着芯芯的话，始终很专注，并且用充满抱歉的神态回应她。

等芯芯说完，妈妈说："芯芯，如果你们不嫌晚的话，今天下午 2：50，妈妈到家后，开车带你和露露去郊外放风筝。并且，还带你们吃烧烤作为补偿，如何？"

听妈妈这么说，芯芯开心地跳起来，大喊道："好啊！"

主动倾听是实现良好沟通的开端。上例中的妈妈在与芯芯交流的过程中，十分善于鼓励芯芯述说自己的想法，并认真倾听。在这个过程中，芯芯感受到了妈妈的尊重和爱，便把心中的想法一股脑儿地说了出来。

那么，在主动倾听的过程中，妈妈们应该注意哪些事项呢？

1 戒掉不良的沟通习惯

要想做到主动倾听，妈妈就要杜绝不良的沟通习惯。比如：着急否定孩子，打断孩子说话；一边做事情，一边听孩子说话；一直不回应孩子；用哄骗糊弄孩子；等等。这些都属于不尊重孩子的表现。所以，妈妈一定要停下手中正在做的事情，注视孩子，用心倾听，让孩子能够感受到"你说吧，我在听。"

2 懂得识别并接纳孩子的情绪

妈妈不仅要倾听孩子说了些什么，还要识别他内心真实的感受是什么，并且要肯定孩子的各种不良情绪，做适当的安抚。当听孩子说完抱怨之类的话以后，要迅速地回应孩子，比如："你此刻有点儿不高兴（愤怒、失落、委屈……），因为心愿没有达成，对不对？"

3 及时反馈并确认孩子的诉求

所谓及时反馈，就是在认真倾听孩子的陈述之后，了解孩子的内心诉求和想法，并按照自己的理解将孩子的想法和感受说出来，再向孩子询问和求证，进一步了解孩子隐藏的感受，从而帮助孩子合理、积极地管理自己的情绪。及时反馈的关键在于要对孩子的内心感受而非外在行为做出反应。

一个6岁的小男孩从小广场气鼓鼓地走回家长身边，说："我再也不想和撒撒玩了，他拿着我的玩具却和其他小朋友玩去了，我自己都没得玩了。"

面对同样的场景，不同的家长会做出不同的应对。

家长一："你以后别和他玩了，和谁玩不行啊？你自己在家里玩也好啊！"

家长二："撒撒拿着你的玩具，却不和你玩，和其他的小朋友玩，你感到很伤心，对不对？你感到自己被抛弃了，对吗？"

家长一运用的是封闭式沟通方式，这样做会让孩子的话无处倾诉，并且感觉自己不被家长理解，进而变得不愿意沟通。

家长二运用的是开放式询问和求证的沟通方式。开放式询问和求证是及时反馈式倾听的主要形式，也是智慧型家长都在运用的沟通方式。

温柔妈妈很少唠叨地说教

有相关媒体和心理学研究机构针对"孩子最反感父母的哪一种行为"进行了调查。其调查结果出人意料：80%的孩子给出了相同的答案——唠叨。

很多家长尤其是妈妈们看到这项调查结果，都感觉很无奈，因为感觉打骂孩子不好，所以就对孩子晓之以理，动之以情，然而孩子总是听不进去，自己只好一遍一遍地重复，以期孩子能够上进一些。那么，这样的家长究竟错在了哪里？

其实，孩子6岁以后，妈妈就不该采用唠叨的方式教育孩子了。如果妈妈仍然喜欢重复自己的话，夸大显而易见的事实，那孩子就不会再听妈妈的话，心里会有诸多"不愿意"和"不配合"。

因此，妈妈要掌握简短而权威的话术，这样，亲子之间的小摩擦、小事故才不会变成"大战争"。

1 点到为止，并给孩子选择权

家长是否有权威，不在于话语的多少。很多时候，真正的权威体现为简短而有力的表达。

练练的妈妈正在客厅中招待远道而来的客人。

突然，8岁的练练跑过来，眼泪汪汪地向妈妈控诉："我和环环玩象棋玩得好好的，哥哥总是找借口来捉弄我们，不停地打扰我们。您必须制止他。"

要是在以前，练练的妈妈会冲着练练的哥哥嚷道："我跟你说过多少次了，不要轻易去招惹你弟弟！你少招惹你弟弟，听到没？如果你再犯这种错误，我就要罚你了！"

但是这次，因为有客人在，加上妈妈准备换一种沟通方式，所以她看着练练的哥哥，温和地说："儿子，你自己选择，你可以像以前一样听我唠叨，或者自己去处理练练的控诉。"

练练的哥哥一听，立刻回答说："好的，妈妈。我会处理好的。"

在上述案例中，妈妈改变了沟通方式后，仅用简短的陈述就化解了两个儿子之间的摩擦，并且也给予了每个孩子充分的尊重，让事情得到了圆满的解决。

2 幽默地化解沟通中的矛盾

心理学中有个"超限效应"，指的是因刺激过强、过多或时间过长而引起的反感心理现象。而家长的唠叨行为，就属于超限效应的原因之一，因为大人越唠叨，孩子越反感。所以，我们要改变唠叨的习惯，有时候戒除唠叨，只需要一个幽默的表达。

11岁的熙熙看到妈妈从外面回来，把刚买的水果往餐桌上一放，就准备去换衣服。

熙熙笑着说："妈妈，您忘记了一个步骤。"

妈妈不解其意，冲她笑笑，问道："什么？"

熙熙耸耸肩，说道："妈妈，您至少做对一件事情，行不行？请把水果放到冰箱里。"

妈妈扭头笑了笑，说道："我做对了一件事——我生了你。现在，帮我把水果放到冰箱里。"

熙熙咯咯地笑了起来，并把水果放到了冰箱里。

上例中熙熙的妈妈如果直接批评熙熙，那么势必会引起不必要的争端。试想一下，面对这样的情况，我们身边有多少妈妈总是脱口而出："你什么意思？你教我做事情？""你一个小孩子，竟然这样跟妈妈说话？看我怎么收拾你！"相比之下，可以明显看出幽默而简短的表达不仅可以化解暗藏的矛盾，还彰显了妈妈的权威。

3 偶尔可以选择性沉默

很多时候，在亲子相处和沟通中，孩子的一些不良行为容易让家长火冒三丈，使得亲子沟通变成了"亲子战争"。其实，在原则性问题面前，妈妈可以适当地运用沉默的力量，反而可以达到教养的效果。

7岁的念念扭伤了脚，但是当晚还和小伙伴们一起玩了捉迷藏游戏。

第二天早上，念念对妈妈说："我不能去上学了，我的脚受伤了。"

妈妈本想说："你能去玩几个小时的捉迷藏游戏，就能去上学。"但是，她并没有说出口，而是沉默了一会儿。此时，气氛变得很沉闷。

几分钟后，念念说："您觉得我能去上学吗？"

妈妈回答说："你对此感到困惑？"

念念一边说"是的"，一边赶紧穿衣服。

妈妈的沉默帮助念念自己做了决定。相信在沉默的过程中，念念一定是想到了"自己能够玩捉迷藏，就一定能去上学"这个事实。如果他的妈妈直接向念念指出这一点，那么念念很可能会争辩，然后两个人都可能变得不高兴。所以必要时，妈妈可以借助沉默的力量来达到教养的效果。

多鼓励和多引导，
才能走进孩子的心里

　　"父母如何说，孩子才会听？"是困扰很多家长的难题，也是值得每位家长认真学习和实践的教育课题。

　　围绕这个话题，不同类型的家长给出了不同的答案。有的家长认为，家长应该多听少说；有的家长认为，应该有家长的权威，对孩子要高标准、严要求；有的家长认为，应该心平气和地和孩子做朋友。那么，面对下面这种情形时，我们应该怎么做呢？

　　刚上初中的悠悠非常喜欢信息技术课，但妈妈禁止他玩电脑，只要求他认真做作业、做练习。悠悠对妈妈的做法感到不满，故意和妈妈对着干，结果成绩一落千丈。

悠悠知道自己这样做不对，但依然我行我素，甚至看到妈妈干着急的样子，他就感觉自己在亲子对抗中赢了一局。

妈妈被气得无话可说，不知道该怎么和孩子沟通。

就像案例中的悠悠一样，孩子一旦得不到大人的理解，就会变得比较叛逆，甚至拒绝和大人沟通。因为每个孩子都需要大人的理解，大人如果进行强制性或打压式教育，孩子不仅不会按照大人的吩咐去做，还会故意和大人对着干。

其实，不只是青春期的悠悠如此，每个孩子都不喜欢被否定，都喜欢被肯定和被鼓励，所以家长要多鼓励和多引导孩子，多和孩子进行正向沟通，才能走进孩子的心里。

在与孩子沟通时，面对孩子的不配合和对着干，妈妈强硬地控制孩子远不如鼓励和引导有效。让我们来看一下下面这位妈妈是怎么用鼓励和引导来教育孩子的吧。

周六傍晚，7岁的佑佑心血来潮，说要帮妈妈做饭。妈妈欣然同意了。

可是，刚开始择菜，佑佑就说："做饭好麻烦，我不想帮忙了。"

妈妈见状，蹲下来拿过佑佑手里的芹菜，说："佑佑从来都是一个不轻易放弃的孩子，对不对？"

佑佑听了妈妈的话，就继续做饭。妈妈一边教佑佑择菜、洗菜，一边解释："择菜、洗菜、切菜和炒菜，是做菜的四部曲。佑佑今天要不要在妈妈的帮助下挑战你人生中的第一次做菜？"

听到"人生中的第一次"这几个字，佑佑就充满了干劲。

大约过了一个小时，饭菜终于做好了。等饭菜摆上桌时，佑佑从房间里拿出糖果，对妈妈说："妈妈，我今天表现得这么好，是不是可以吃糖了？"

妈妈与佑佑约定过，只要佑佑表现得好，就能得到一颗糖作为奖励。但妈妈觉得饭前吃糖会影响吃饭，就对佑佑说："嗯，佑佑今天帮妈妈做饭，表现得非常好，可以得到奖励。但是等到吃完饭再吃糖吧！"

佑佑说："为什么？我想现在就吃糖。"

妈妈说："吃完糖，嘴里就变甜了，而你炒的菜是咸的，吃完糖后就吃不出菜的味道了。"

佑佑犹豫着，他还是很想吃糖。

"反正你只能吃一颗糖，所以先吃糖，还是先吃饭，你自己来决定，我们要吃饭了。"说完，妈妈就准备吃饭。

"那我再想一想。"佑佑仍在纠结中。

妈妈大口大口地吃饭，表现出吃得很香的样子，对爸爸说："今天做的宫保鸡丁真好吃！"

一听妈妈这么说，佑佑赶紧坐了下来，说："我还是先吃饭吧，吃完饭再吃糖。"

在上述案例中，佑佑妈妈的做法就很好。一开始面对佑佑放弃的打算时，妈妈对他进行了鼓励和帮助；面对佑佑饭前坚决想吃糖的念头时，妈妈采用提供两个备选项的引导法，成功地让佑佑改变了立即吃糖的想法。因此，当孩子想要做或者已经做了家长不赞同的事情时，家长不要表现得过于急躁，也不要强硬地指责孩子和逼迫孩子改变想法，而是要多给孩子一些可选择的空间，有效地鼓励和引导孩子。

聪慧的妈妈们，从现在开始，多鼓励和多引导孩子吧！只有这样，才能走进孩子的心里。因为多鼓励孩子，可以使孩子形成一种积极向上的思维方式；而多引导孩子，可以使孩子养成主动思考、自主决策的好习惯。

懂点儿心理学，读懂孩子的真实诉求

孩子每天都在想些什么呢？为什么很多家长说越来越不了解自己的孩子呢？究其原因，除了家长和孩子本身存在的年龄差，以及阅历不同引起看待事物的角度不同之外，最主要的是家长总是以自己的思维方式去猜测孩子，而并未真正了解孩子的内心。这样一来，要么孩子将话憋在心里不说，要么孩子即使表达了自己的想法，家长也不一定能够真正读懂孩子的真实诉求。

1 了解孩子话语背后的潜台词

场景一

蓓蓓："妈妈，您知道吗？有一款学习机特别好用，不仅有名师专门讲解，而且所有的课程都是同步辅导的。"

妈妈："你的那款学习机不是也有好多功能吗？"

场景二

超市里，妈妈和涂涂推着购物车在购物。当走到玩具货架前时，妈妈指着一款赛车问涂涂："涂涂，你不是最喜欢赛车吗？想不想要这款赛车？"

涂涂看着玩具赛车，慢吞吞地说："价格太贵了，不要了吧！"

以上场景里的大人都没有读懂孩子的潜台词。场景一里的蓓蓓，其实是想换一台学习机了；场景二里的涂涂，嘴上说玩具赛车太贵，心里还是想要的。所以说，妈妈如果不懂孩子话语背后的潜台词，就等于没有真正了解孩子，从而无法和孩子高效沟通。

2 透过孩子的眼神读懂孩子的内心

俗话说："眼睛是心灵的窗户。"当孩子未开口说话时，观察他们的眼神便可了解他们的内心，而且孩子眼神所传达出的信息往往比口头语言和肢体语言所传达的更准确。

（1）期盼的眼神：需要大人的帮助。

当孩子站在你面前，拉着你的衣角，用期盼的眼神看着你的时候，这说明他是需要帮助的。

（2）游离不定的眼神：不想听大人的话。

当孩子的眼神游离不定，注意力不在你说的话上时，说明孩子对你所说的话题不感兴趣，或者他心里有更要紧的事情。

（3）仇视的眼神：对大人很生气。

当孩子用仇视的眼神望着你时，说明他心里对你的做法是极为不满的，他很生气。

（4）刻意回避的眼神：有难言之隐。

当孩子有意回避你的眼神，漫无目的地看向别处，不愿意让你看到他的眼神时，这就说明孩子有心事，而且难以说出口。

（5）边眨眼边微笑：有秘密。

当孩子朝着你一边微笑一边眨眼睛时，这表明孩子心里有个小秘密，他正因你还不知道他的心思而感到欣喜。

（6）眼珠子往上一转：想一想。

当孩子眼珠子往上移动时，这说明他要表达的是："嗯……等一下，让我想一想！"这时候，你不要急，因为不一会儿就会有一个好想法从孩子那里诞生了。

（7）眼神空洞：累了，已经知道了。

当孩子的眼神空洞时，这就表明孩子觉得有些累了，需要休息了，或者是已经得知某件事情的真相，他觉得难过、失望。

（8）突然间睁大眼睛：很惊讶，很疑惑，很恐惧。

当孩子突然睁大眼睛时，表明他当时是惊讶的，或者是充满疑惑或恐惧的。

其实，只要你用心观察孩子的眼神，就不难读懂孩子的内心世界。只有读懂了孩子的内心世界，了解了孩子的心理，才能更好地实现亲子间的双向沟通，从而与孩子建立起和谐且亲密无间的关系。

3 肢体动作透露出孩子的心理

都说孩子有一百种语言，而肢体语言就是其中的一种。所以，家长一定要细心一点儿，用心去发现孩子的肢体语言所代表的小秘密。

（1）张开双臂：需要温暖的怀抱。

拥抱是孩子渴求得到他人关心和抚慰的最强烈的信号。当孩子面临恐惧或委屈的时候，也会做出张开双臂的动作，这是在寻找被爱和被关怀的情感需求。

（2）把手臂藏到身后：不想和大人亲近。

当因遇到陌生人而感到害怕时，孩子会本能地躲开。除此以外，孩子立刻转身，或侧身，或背对时，都代表不想和大人亲近。

（3）腿脚动作活跃：心里有想法。

腿部的动作或足尖的朝向体现一个人的内心想法，对孩子来说也是一样的。在谈话的过程中，如果孩子腿部的动作异常活跃，说明他的心理比较焦躁或紧张，总之他的心思不在谈话上。如果孩子的足尖远离谈话人的方向，说明他对谈话不感兴趣，想离开。

综上所述，妈妈们一定要认真识别孩子语言背后的潜台词，读懂孩子的眼神、肢体动作，只有破译了孩子的这些语言、微表情、微行为的密码，才能真正走进孩子的内心，了解孩子的感受和需求，从而实现亲子间的顺畅沟通。

温情、高效的沟通，莫过于给孩子写信

据一项抽样问卷调查显示，现在的很多孩子，尤其是青春期的孩子不愿意与大人进行沟通，即便是偶尔交流，内容也极其单一。调查反映孩子不肯与大人交流的原因多种多样，主要有家长的独裁做法、权威意识、包办思想，以及对孩子的不了解、不理解等。其实，孩子还是渴望与大人交流的，只不过缺少良好的沟通氛围和沟通渠道而已。

当亲子沟通很少，或者沟通不畅时，家长不妨试一试温情、高效的沟通方式——给孩子写信，会有意想不到的表达效果。

1 书信沟通的好处

（1）避免尴尬的无效沟通。大人有很多话可能不方便当孩子的面讲，但是通过书信的方式则可以避免尴尬。

（2）系统性沟通。纯粹的言语沟通有点儿零散，有时候无法满足交流的需求。对于讲述者来说，他们有很多自己的想法，总觉得自己了解了很多，但是如果让他们写下来，他们就会发现自己的思考、思想没有形成系统。对于接收者来说，他们接收到的言语信息不够系统，可能在不久之后就会忘记。所以，从讲述者和接收者的角度来讲，书信可以提供一种系统性的沟通途径。

（3）提高双方的表达能力。书信沟通还可以提高亲子的阅读能力和文字表达能力。

2 应该在信中和孩子聊什么

（1）日常生活分享。询问孩子最近的学习和生活情况，分享自己的日常琐事；关心孩子的饮食、睡眠和健康状况，提醒孩子注意身体。

（2）情感交流。表达对孩子的思念和爱意，让孩子感受到家的温暖和妈妈的支持；鼓励孩子分享自己的心情和感受。

（3）学习与成长。询问孩子的学习进展，鼓励孩子努力学习，给予适当的建议和引导；讨论孩子的兴趣和爱好，支持孩子发展自己的特长和才能。

（4）价值观引导。引导孩子树立正确的价值观和人生观，分享自己的经验和见解；强调诚实、善良、尊重他人等品质的重要性，帮助孩子形成良好的品格。

（5）未来规划。与孩子讨论未来的梦想和目标，鼓励孩子制订计划并付诸实践；分享自己对未来的期望和愿景，激发孩子的积极性。

（6）鼓励与肯定。对孩子的努力和成就给予充分的肯定和鼓励，增强孩子的自信心；提醒孩子面对挫折时要勇敢、坚持，相信自己的能力和潜力。

3 孩子上小学前后，就可以写信了

妈妈可以从简短的留便条开始，通过手写的文字，将要说的话传达给孩子。为了帮助孩子读懂信息，必要的时候还可以加拼音。

等孩子稍大一些之后，家长就可以写稍微长一点儿的书信了。至于书信的类型，妈妈可以写感谢信，可以写道歉信，可以写询问信，可以写表扬信，可以写鼓励信，可以写批评信，还可以写期许信，甚至还可以针对当时的热点写评价信，和孩子进行交流。

总之，对于生活中的一切，妈妈都可以通过简短的书信和孩子交流。书信就像是一个无声胜有声的心灵交流的使者，使得妈妈能够把想要说的话心平气和地表达出来，并传递出爱的信息。孩子也可以反复阅读书信的内容，慢慢地领会妈妈的思想、建议等，从而接受妈妈的教育。

第五章

遇到特殊行为时，和善与坚定并行

自私行为：引导孩子学会分享

如今，有一些孩子从小是在长辈的呵护下长大的，家里往往以他们为中心，这样养大的孩子可能会比较自私，缺少爱心和分享意识。

如果孩子变得自私自利，那么孩子便会不懂得顾及他人的感受，甚至对家长，他也会不闻不问；并且，孩子自私也是缺乏教养、不文明的表现，会让孩子变得任性、不听管教，很难融入新的环境，更难以和他人和谐相处。

但是，难道每个孩子天生都是自私自利的吗？当然不是。孩子自呱呱坠地之后，就像是一张白纸，很多"涂色"的任务都是在其成长的过程中由家里的长辈完成的。所以，对于自私自利的孩子，甚至是因为无知闯下弥天大祸的孩子，明智的大人不会一味地责怪他们，而是从自身寻找原因。以下一些改正孩子自私行为的方法，值得家长一试。

1 在家里营造平等、乐于分享的氛围

要想帮孩子改掉自私的习惯，就要在家里营造平等、有爱、乐于分享的家庭氛围。比如，在买水果时，可以按照家里的人数来均分；大人做饭时，要求孩子帮一些小忙；大人在照顾长辈时，也让孩子参与进来，营造身教大于言传的家庭氛围……

当然，这也需要大人能狠得下心来，不要因为孩子的撒娇就让步了。

2 合作后的孩子更愿意分享

有这样一个案例。

德国马克斯·普朗克演化人类学研究所的凯瑟琳娜·哈曼教授进行了一项实验。实验是引导两组 2~3 岁的孩子完成一项任务。

她让 2 个孩子分别站在一块木板的两端，木板两端都放有 2 颗小弹珠。然后让他们各自拉动木板上的一根绳子，2 颗弹珠中的 1 颗就会滚到木板的另一端。这样，一个孩子可以

拿到 3 颗弹珠，而另一个孩子只能拿到 1 颗。

凯瑟琳娜·哈曼教授通过实验发现：大约 1/2 的 2 岁孩子和 3/4 的 3 岁孩子都会将多出来的那 1 颗弹珠分给只拿到 1 颗弹珠的孩子。如果孩子不用拉动木板就能得到多余的弹珠，他们就不那么乐意分享了。在没有合作的情况下，他们都会将弹珠据为己有，只有合作之后才会分享。

哈曼教授的这项实验告诉我们：孩子在合作后，很愿意分享合作的成果。所以，要想改掉孩子的自私行为，妈妈要先了解孩子自私的原因，不妨从合作着手，平时多带孩子参加通过合作才能完成的活动或游戏，有利于养成孩子乐于分享的习惯。

3 培养孩子的分享意识从移情训练开始

所谓移情训练，就是设身处地地站在他人的立场，从对方的角度去体验他人的情感。

具体来说，训练孩子的移情能力主要从三点入手。首先，移情能力的训练可教育孩子从情绪的辨识入手。其次，当孩子学会辨识这些基本情绪之后，妈妈可以要求孩子把这些情绪用正确的语言表达出来。最后，要想使孩子学会移情，还需使他们对他人的情感产生共鸣，这是训练孩子移情能力的重要环节。

撒谎行为：预防胜过调查

孩子为什么会说谎呢？通常，有以下四个方面的原因。

第一，孩子撒谎往往是因为生活中的大人无法冷静地看待真相，无法对真相不加评判。

第二，孩子撒谎是为了摆脱麻烦。

第三，孩子撒谎或是为了取悦大人，或是为了帮他人一个忙。

第四，孩子撒谎是为了传达一个情感上的事实。比如，有人问他怎么了，他不知道该怎么解释时，就会编造一个符合自己感觉的谎言。

燕燕上二年级了，她最近的行为让父母感到非常头疼，就是她越来越喜欢撒谎了。

　　一天放学后，燕燕直接坐到了沙发上，打开了电视机，开始看电视。妈妈对此非常吃惊，问燕燕说："你怎么不先写作业呢？"

　　燕燕支支吾吾地回答："今天老师……没有……留作业。"

　　妈妈知道燕燕在撒谎。因为她已经通过家校群里的信息，了解到当天的作业有些难度。妈妈很生气，但她没有开口训斥燕燕。

　　妈妈冷静下来，暗示燕燕她已经知道老师留作业的事了。燕燕顿时羞愧地低下了头。

　　见燕燕沉默不语，妈妈心平气和地问她："燕燕，你为什么要说老师没有留作业呢？"

　　燕燕小声地回答："我不是故意撒谎的。我只是太着急看动画片了，今天是最后一集了。"

　　妈妈听完燕燕的解释后，说道："你已经是小学生了，应该学会对自己的行为负责。咱们不是约定好，放学之后先写作业再看电视吗？再说了，如果真的有特殊情况，你可以和妈妈商量，但是不能撒谎。妈妈希望燕燕是个诚实的好孩子。"

　　燕燕听了妈妈的话，立刻向妈妈保证以后不再撒谎了。

对待孩子的撒谎行为，妈妈要具体问题具体分析，并且要了解孩子撒谎行为背后的感受和情绪，这样孩子才会放下戒心，坦诚地告诉妈妈事情的真相。

1 对待撒谎行为，宜疏不宜堵

如果家长对于孩子的撒谎行为反应过激，要么惩罚，要么吼叫，那么很有可能激起孩子的逆反心理，导致孩子更爱撒谎。

面对孩子撒谎这个问题，大人最好的应对方法是找出撒谎背后的原因，而不是惩罚孩子。心理研究发现：家长越喜欢指责孩子，越喜欢采取惩罚的方式，孩子越不可能对大人吐露实情。所以，对待孩子的撒谎行为，妈妈要多引导和倾听，而不是惩罚或指责孩子。

2 区别对待不同的撒谎行为

前面说过撒谎有不同的原因，所以家长要区别对待孩子不同的撒谎行为。当孩子是因害怕被家长批评而撒谎时，妈妈就要反省自己的教养方式是否过于严厉，导致孩子不敢以正常方式与家长进行沟通。

当孩子因为做错了事情，自知理亏而撒谎掩盖真相时，妈妈就更不要严厉地批评孩子，否则只会使孩子更加害怕和退缩。

当撒谎涉及孩子的道德品质问题时，妈妈的确要严肃认真对待，帮助孩子从根本上改掉坏习惯。

3 情绪稳定地对待孩子，孩子就会少撒谎

在教养孩子的过程中，妈妈们的确会面临很多突发的状况，容易变得情绪失控。但是，在帮助孩子纠正撒谎行为时，无论谎言行为严重与否，妈妈一定要控制好自己的情绪，心平气和地与孩子沟通。孩子的内心是很脆弱的，需要大人的细心呵护。

总的来说，如果不是原则性问题，面对孩子的撒谎行为，妈妈只要引导孩子接受事实、勇敢面对，让孩子明白说出真相并不可怕，从而增强孩子的勇气和责任心，孩子撒谎的情况就会大为改观。

偷拿行为：帮孩子形成物权意识

　　每个孩子在成长过程中，都会出现这样或那样让大人抓狂的行为。比如，6 岁左右的孩子会闯祸，甚至有偷拿别人东西的行为，这时候很多大人就会手足无措，觉得这就是"偷盗"，开始对孩子严加管教，甚至威胁孩子会被抓走，等等。

　　其实，我们要正确地看待孩子的偷拿行为，帮孩子形成物权意识，并且教孩子约束好自己的行为。

　　暑假里，7 岁的松松跟着父母到南方旅游。在一处农家的葡萄园进行自由采摘时，松松乘人不备偷偷多摘了一串葡萄放到自己的背包里。

爸爸发现松松的不当行为后，没有当面制止，而是直接将他带到了葡萄园园主的面前，用钱买下了所有采摘的葡萄，包括松松背包里的那一串。

松松的表哥看到后，觉得松松爸爸有点儿小题大做。松松爸爸便给一同去旅游的几个孩子讲了种植葡萄的不易，以及偷拿东西不教育的可怕后果。最终，一想到自己居然偷摘园主的葡萄，松松也觉得不好意思起来。

像案例中的松松一样，生活中有些人在果园里进行水果采摘时，也会有偷吃、偷拿的行为。可是案例中的爸爸没有默许松松这样做，而是教育他尊重他人的劳动，不能偷拿别人的东西。如此，就有意识地训练了孩子的自控能力，帮孩子跨出了把握自己的第一步。

1 培养孩子的物权意识和归属意识

对于还没有养成物权意识的孩子，妈妈要对他们"偷"的行为正确地看待。

如果妈妈不培养孩子的物权意识和物品归属意识，那么孩子就会把自己喜欢的东西拿走，并且他们并不知道这样做是不对的。所以，妈妈要教会孩子理解何为东西的所属权，并且可以让孩子以换位思考的方式理解这个概念。

2 培养孩子的是非观念

对于年龄稍大一些的孩子，如果他们做了不当的行为，如偷拿他人东西时，妈妈可以纠正并警告孩子这样做的不良后果，但不要严厉地惩罚孩子。

3 了解偷拿行为背后的原因，不伤害孩子的自尊

妈妈在发现孩子偷拿别人东西时，不要直接对孩子发火，而应该耐心地向孩子了解事情的前因后果，了解孩子的真实想法和内心诉求，并且不要当众训斥孩子，这样做可以保护孩子的自尊心，从而让孩子在温和的引导下说出自己的心声，反思自己的错误并决心改正不良习惯。

脏话行为：从根源上解决问题

如何对待孩子爱说脏话的行为，这是很多家长在教育孩子的过程中会遇到的一个问题。对于这个问题的解决方法，应是因年龄、因事情而异的。以下的两个亲子相处场景，你在教育孩子的过程中是否也遇到过呢？

场景一

钰钰 3 岁了，突然会说脏话了。这使爸爸妈妈感到非常苦恼。毕竟，爸爸妈妈不会在她面前说脏话。

上初二的瑄瑄最近和同学通电话时，总是时不时地冒出一句脏话。这让无意间听到的妈妈很是震惊。因为瑄瑄以前几乎没有说过脏话，并且各方面表现得都很优秀。

说脏话是孩子成长中常见的不良行为。遇到这种情况时，大人该怎么办呢？

1 不同说脏话的诱因，要不同对待

当孩子说脏话是为了寻求家长关注时，妈妈就需要多关注孩子，多和孩子建立情感上的联结，多倾听孩子的心声，增加对孩子的陪伴，这样孩子说脏话的习惯就会逐渐减少。在这种情况下，妈妈要记住一点：越严厉斥责孩子，孩子就会越较劲。

当孩子说脏话是为了表达自己的感受时，如遇到不顺利的事情，不知道如何表达自己的不良情绪，便将脏话说了出来，而不是针对具体某个人，妈妈需要引导孩子正确地表达自己的感受，必要时可以给孩子指出问题的解决方法。

当孩子说脏话已经成了习惯时，妈妈就需要反思自己日常家庭用语的环境，因为家人无意间说的脏话，很容易让孩子模仿，慢慢地就成了孩子的语言习惯。

2 营造文明、没有语言污染的环境

孩子正处在学习和模仿的时期，很容易受到周围人的影响，甚至还会学"坏"。在这种情况下，妈妈要当好孩子的监护人，一定要谨言慎行，千万不要在无意之间给孩子的语言发育造成恶劣的影响。但是妈妈如果一直使用文明用语，却发现孩子学会了说脏话，就要马上寻找原因，从根源上解决这个问题。

暴力行为：言传身教最有效

有的孩子在家里只要有一点儿不顺心的事，就会在家长身上撒气；谁看起来比较软弱，他就欺负谁；出门在外，孩子也总是一副得理不饶人、动不动就使用暴力的模样。这些行为都令妈妈们十分头疼。

成成已经9岁了，由于个头较高，他经常坐在班里的最后一排。坐在最后一排恰恰给成成提供了一个"便利"的条件：他在上课的时候总是搞小动作，经常欺负班里的其他同学。成成妈妈为此没少被叫到学校去。每次回到家后，妈妈就气不打一处来地打了成成。结果，成成在学校里变得更加爱欺负同学了。

之后的一天，妈妈无意中听到成成和爸爸的对话："妈妈太坏了，太不讲理了。她总是凶我，还总要求我不要欺负别人。我本来就不想欺负他们，只想和他们好好玩……"

听到这些之后，妈妈突然明白了为什么成成总是攻击他人，原来是自己的教育方法错了。于是，妈妈便试着和成成好好地沟通，并向他承认了之前打他是不对的行为。

经过一段时间的调整和良好的沟通，妈妈和成成的关系变好了，老师也夸成成学会了团结同学，学习上进步也很大。

看来，以身作则的教育方式真的能改变孩子。对待孩子的暴力行为，妈妈要从自身找原因。如果是自己的言传身教出了问题，那么需要从自身进行调整。如果是其他原因导致了孩子的暴力行为，那妈妈就要从多方面进行引导了。

1 不溺爱、不娇惯孩子

孩子还小的时候，需要家长的精心照料，这就让家里的人多是围着孩子转的。虽然孩子还小，但他已经能看到或是通过一些实践感受到大人不管在什么时候都会让着自己，再加上大人的宠爱，就会让孩子认为大人对他的好、对他的爱都是理所应当的。因此，妈妈不要溺爱孩子，不要纵容、娇惯孩子，要让孩子明白每个人都是平等的，如果想要得到一些东西，那就必须付出努力或行动。

2 宽容大度，让孩子减少社交时的矛盾

妈妈要让孩子知道，在与人相处的过程中肯定会有摩擦，让孩子明白宽容他人就等于是在宽容自己，因为孩子只有宽容地对待他人，他人才会以同样的方式对待孩子；让孩子学会换位思考，让他明白宽容的本质。这样，在遇到一些摩擦时，孩子才会宽容他人的过错，减少一些不必要的矛盾。

3 制定一些家规，并且要求人人遵守

比如，规定家中成员如果处于生气状态时，就赶紧回房间，不要将自己的怒气随便发泄到他人身上；要等到冷静下来之后，再和家人说到底发生了什么事情，最后再一起解决问题。这样做，不仅可以约束孩子乱发脾气的行为，还可以引导孩子解决出现的问题，传授给孩子更多社交沟通和处理问题的技能，这样孩子和有冲突一方的关系就会慢慢缓和了。

4 教孩子一些正确的发泄方法

比如，内向的孩子在外面受到了一些委屈，很想哭，但一直强忍着。这时，妈妈可以抱着孩子，让他在你的肩头或是胸前哭一

阵子，等孩子哭完之后再对他进行心灵上的安慰。等到孩子的情绪稳定下来以后，妈妈就可以让孩子说说遇到了什么事情。当孩子在叙说的时候，妈妈一定要认真倾听，并让孩子想一想解决问题的方法，从而将孩子心中的怨气彻底消除，使孩子的脸上重现笑容。

5 让孩子懂得尊重他人

教会孩子尊重他人是十分重要的。当孩子遇到自己和他人意见不一致的问题时，妈妈要告诉孩子每个人都有不同的想法，不要将自己的想法强加于人，而是应该尊重他人，听取大家的意见，这样才能和他人和谐相处。在家里，教会孩子更应该尊重长辈，不能因长辈对自己宠爱就为所欲为。妈妈还要让孩子明白付出是相互的，长辈疼爱孩子，孩子也应该孝敬长辈。

第六章

妈妈给孩子的安全感，
往往体现在细节里

就餐：餐桌不该成为"说教阵地"

世界礼仪大师威廉·汉森说："善于观察的人，只用一顿饭的工夫，便可知你父母生活的背景怎样、你的教育背景如何。"

的确，通过一家人就餐时的细节，就可以看出父母的教养模式等。比如，我们很多中国家长就喜欢将餐桌变成说教孩子的阵地。

早晨，晚晚睡眼惺忪地起床，看到一桌子油炸食品和卤肉后，顿时有点没胃口了。面对妈妈的催促，晚晚有点儿不耐烦，虽然没有直接顶撞妈妈，但是慢下了自己的节奏。

过了半分钟，晚晚打开冰箱，忙着从冰箱里翻找东西吃。

面对这样的情景，身为妈妈的你，会如何做呢？

晚晚："你从来不给我买任何我喜欢吃的东西！就知道催我快一点儿，可是我都没有想吃的！"

妈妈很不高兴，开始辩解道："你说我从来不给你买你喜欢吃的东西，这是什么意思？你喜欢吃的东西，我都给你买了，是你自己不知道该吃什么。现在你必须坐下来吃面前的食物，然后去上学。"

晚晚："就不吃！不要逼迫我吃不想吃的东西！"说完，她关门进房间了。

妈妈气急败坏地说："越大越不听话，我辛辛苦苦把你养这么大，你却不领情！"说完，妈妈大哭起来。

其实，晚晚的妈妈可以不反击，维持一个愉快的早晨。比如，晚晚的妈妈可以这样跟孩子沟通。

妈妈："你好像不太喜欢吃为你准备的食物。"

晚晚："我没胃口，加上也不是很饿，就吃一根香蕉好了。"

妈妈："先吃个面包，然后再吃香蕉，如何？"

晚晚："好的。咱可能得快点儿。"

妈妈："好的。"

在孩子成长的过程中，很多妈妈听到孩子抱怨，通常都会很生气。为了避免因孩子抱怨或者辩解引起怒气而陷入争吵，妈妈要学会承认孩子的抱怨，以此作为对孩子抱怨的回应。其实在就餐时，只要不训斥孩子，亲子之间可以聊的积极的话题有很多。

1 培养孩子的时间观念

生活处处皆是教育。比如，孩子小的时候吃饭没有时间观念，磨磨蹭蹭地能吃上一个多小时。遇到这种情况时，妈妈就可以通过比赛类的游戏、营造安静的吃饭环境、给孩子出"烙饼问题"的题目等方式，让孩子拥有时间观念，养成珍惜时间、合理利用时间的好习惯。

2 培养孩子的用餐礼仪

一个孩子的家教和人品如何，往往可通过他的就餐习惯体现出来。因此，妈妈可以通过就餐培养孩子良好的就餐礼仪、待人接物的礼仪，以及妥善处理突发事情的能力，如打碎盘子等的善后能力。相信孩子在这些礼仪和能力的加持下，一定能够赢得良好的社交关系和养成独立、自信的人格，从而为以后的发展打下良好的基础。

3 对热点新闻或事件表达看法

父母是孩子最好的老师，要想培养孩子的判断力和发散性思维，可以在就餐期间就当时的热点新闻或事件表达看法，这样孩子就会在潜移默化中了解国家大事，并且三观也会慢慢建立起来。这对于孩子正确认识世界，培养写作和自由表达的能力都很有帮助。总之，妈妈可以多谈一些积极的话题，这样可以培养孩子开朗的性格，让孩子拥有健康、快乐的心态。

4 以倾听孩子和关注孩子感受为主

就餐期间的谈话内容，应该以如何真诚地理解当天孩子的感受为主。比如，可以问孩子在学校里的特殊感受、快乐见闻，可以问孩子是否收获了什么、是否交了新朋友等。总之，妈妈应该成为孩子的倾听者，而不是"教育者"。

零花钱：财商教育要趁早

　　随着物质生活的极大改善，很多家长在孩子零花钱的教育上容易出现两个极端：一个是不限制孩子的日常花销，孩子要啥给啥，所谓"再苦也不能苦了孩子"；另一个极端是不给孩子任何零花钱，甚至谎称"家里没钱"，给孩子营造物质很匮乏的假象，让孩子节衣缩食地生活，美其名曰"孩子要多吃点苦，才能成为人上人"。

　　那么，在对待孩子零花钱方面，你是什么样的态度呢？

　　孩子去商场后什么东西都想买，你该怎么办？

　　孩子对金钱一点概念都没有，仿佛一直活在真空里，你觉得好不好？

　　对于压岁钱，你会如何教孩子来处理？

对于零花钱，孩子不知道怎么合理分配，你该怎么引导？

孩子和朋友攀比，出现"经济纠纷"时，你会怎么做？

…………

是时候和孩子谈谈钱的问题了。财商教育是孩子成长中的必修课，是孩子形成健全人格过程中的重要一课。

爽爽是家里的独生女，小时候每到春节，她就会收到很多长辈给的压岁钱，再加上平日里父母也会按月给她零花钱，所以她堪称家里的"小富婆"。

不过，爽爽对零花钱的分配却毫无头绪，她想花的时候就会买很多玩具，或者买美味的零食；不想花钱的时候，又把钱放在钱包里不管不顾。

随着爽爽过完十岁生日，父母决定帮助爽爽合理地分配零花钱，培养爽爽的理财意识。

妈妈问爽爽："爽爽，你每个月的零花钱能用光吗？"

爽爽摇摇头又点点头，说："有的时候会用光，有的时候会剩下很多。"

妈妈说："其实，你可以对每年的压岁钱进行一个合理的规划，一部分作为定期存款存在银行，一部分用于大的开销，还可以预留一小部分应对每个月零花钱不足的情况。这样，你几年之后会有一笔可供自己支配的存款，并且还能清楚地知道自己把钱花到哪里了。"

爽爽听了妈妈的建议，不由得心动了，其实她早就想将钱存进银行，只不过一直没有付诸行动。

后来，在妈妈的建议下，爽爽对大额的压岁钱进行了合理的分配，又对每个月的零花钱进行了大概的规划。一段时间之后，爽爽果然有了一笔小小的存款，并且她一想到等过年的时候，她的存款又会增加，就会忍不住地笑起来。

相信很多妈妈虽然也明白对孩子进行财商教育很重要，但是不知道怎么下手。鉴于此，以下三点可以供妈妈们参考。

1 通过言传身教影响孩子金钱观

家庭因素是影响孩子金钱观形成的主要因素之一。妈妈应该教孩子一些理财知识，帮助孩子树立正确的消费观和储蓄观。因此，妈妈自身要树立正确的金钱观，养成良好的消费习惯。

2 多读理财类的读物

如今，儿童理财类的读物有很多。对于年龄稍小一些的孩子来说，绘本类的理财读物是首选。妈妈可以买来和孩子一起读，里边的内容大都是教育孩子树立正确的金钱观时常说的话。

对于年龄稍大一些的孩子来说，那些既能传播基本的理财知识（如何管理零花钱、制订消费计划、进行简单投资），又能培养他们理财能力和兴趣的书，就非常适合亲子阅读。

3 让孩子做家庭管家

当孩子慢慢大一些时，可以让他们将学习的理财知识运用到家里的日常开销中。比如，制订每月支出计划，记录每一笔支出和收入，月底盘点每月盈亏情况。同时，让孩子参与货比三家的购物过程，并且在"想"和"要"之间做取舍，让孩子将盈余存到银行，让孩子运用数学知识计算利息等。通过一系列的操作，让孩子做到会花钱、会存钱、会赚钱。

学习：培养学习力是关键

孩子拥有内驱力才能积极主动地学习。所以，妈妈要用心教育孩子，努力发现能够激发孩子内驱力的小细节，帮助孩子端正学习态度，从而使孩子爆发强大的学习力。

一直以来，欣欣在学习上不是很有动力，学习积极性和灵活性不高，成绩始终不太理想。

欣欣在北京的姨妈生了女儿，她和父母、姥姥姥爷一起去探望姨妈。从北京回家后，欣欣对妈妈说："我想以后多去北京找小妹妹玩，还要去北京找姨妈。北京真大、真好，我也想去北京生活。"

妈妈听了欣欣的话，顿时心生欢喜，因为她似乎找到了激发欣欣学习力的好办法。

妈妈告诉欣欣："欣欣，姨妈的家就在北京，所以小妹妹出生后就在北京生活。如果你要去北京，得依靠自己努力。"

欣欣问："我怎么努力呢？我这么小，又走不动！"

妈妈接着说："正因为你还小，所以你才有机会啊！姨妈之所以能在北京定居，是因为从很小的时候就开始努力的。姨妈学习成绩非常优秀，考上了北京大学，所以毕业后就有机会在北京安家落户了。你如果像姨妈一样努力，也会考上北京大学，说不定以后还可以把爸妈、姥姥姥爷接到北京，和姨妈团聚呢！妈妈猜欣欣一定会为了到北京生活而努力的，对不对？"

就这样，在妈妈的谆谆教导之下，欣欣把考北京大学当成自己的人生目标。果不其然，有了如此强大的内驱力之后，欣欣在学习上的进步十分明显。

对于欣欣的学习问题，家长原本不知道该从哪个点激励和鞭策她。直到欣欣的姨妈生了孩子，欣欣去了北京游玩且对北京这座城市充满向往之后，妈妈才找到契机，从而成功地激发欣欣学习的动力。那么，如何培养孩子的学习力呢？以下四点供妈妈们借鉴。

1 提升专注力是关键

专注力是一切学习能力的基础。在培养专注力的问题上，家长可这么做：第一，要为孩子创造一个良好的环境；第二，要合理安排孩子的作息时间；第三，要让孩子做他感兴趣的事情；第四，要给孩子正向的反馈；第五，可通过适当的游戏来提升孩子的专注力。

2 制订可行的学习计划

要想提升孩子的学习力，最简单的方法就是和孩子一起制订一个行之有效的学习计划。学习计划就像航向标一样，指引着孩子前进的方向。如果抛开学习计划，只谈意志和毅力的话，就很难让孩子养成良好的学习习惯，只有让孩子付诸行动，才是真正的改变。而一个有效的学习计划就会让孩子发生这种改变，因为它会明确地告诉孩子什么时间应该做什么事情。

3 从"苦学"到"会学"，提升学习境界

孩子的学习分三个境界。一是苦学，这个阶段的孩子多半是被家长强迫学习的，因而总觉得学习枯燥、无味，久而久之，便对学习失去了兴趣，甚至恐惧学习。二是好学。孩子好学是好事，所谓"知之者不如好之者"，孩子如饥似渴地学习，成绩也会很好。三是

会学，孩子有科学的学习方法，就能更牢固地掌握所学知识，学习效率高，学得也很轻松。

会学的孩子有一定的学习计划，而且会合理规划自己的时间，懂得预习、复习的重要性，会认真总结自己所学的知识，善于灵活运用自己所学的知识，遇到难题会举一反三，并且能够主动克服困难。总之，会学的孩子思维活跃，能够很好地驾驭知识，是知识真正的主人。

4 体谅、包容孩子的失误和过错

对孩子来说，表扬是促使他们发展和进步的动力，而批评则是阻碍他们进步的绊脚石。因此，在孩子的学习问题上，妈妈应该包容孩子的失误和过错，并要多鼓励孩子。当然，包容孩子的失误和过错，并不是说要袒护孩子，而是保护孩子的学习兴趣。

总的来说，对待孩子的学习，帮孩子找到内驱力，培养学习力是关键。因此，妈妈如果想督促孩子学习，与其整日盯着孩子、强迫孩子，不如想办法激发孩子的学习力，这样才是卓有成效的。

交朋友：培育孩子的社交花园

在孩子成长的过程中，妈妈应该如何对待孩子的交友问题，以及如何正确地引导孩子交朋友呢？具体可以从以下几点着手。

1 鼓励孩子交朋友

很多家长认为让孩子和小伙伴出去玩，会耽误孩子的学习，因此总是限制孩子交朋友。但家长的限制应该适当，毕竟孩子交个朋友不容易，若家长总是从中阻止，那么就会打击孩子交朋友的积极性，并且会让孩子变得越来越孤独。因此，妈妈要让孩子交往各种不同性格的朋友，这样就可以帮助孩子弥补性格上的缺陷，并且对孩子的心理健康也十分重要。家长必须认识到让孩子多交朋友利大于弊。因此，家长要积极地鼓励孩子多交朋友。

2 为孩子创造一些交友的机会

当妈妈到邻居家或亲戚家串门的时候，最好也带着孩子，这样，孩子就有机会和不同性格的人接触，同时孩子也可以学习一些社交的基本礼仪与规矩，从而体会到与人交往的乐趣。当孩子拥有自己的朋友时，也可以让孩子把朋友带到家里来，让孩子做主人来招待自己的客人，从而培养孩子热情好客的性格。同时，妈妈还应该多让孩子参加一些社会活动，这不仅能够增长孩子的见识，还能让孩子变得更有胆量。

3 努力促进合作，建立纯真友谊

在我们的一生中最亲密、最长久、最珍贵的友情，大部分都是在上学阶段建立起来的。因此，妈妈要教孩子学会与他人建立友谊，这样，就可以让孩子在学校交到知心的朋友，并能从朋友身上取长补短，建立起纯真的友谊。

4 让孩子和不同类型的人交往

社会上有形形色色的人，今后孩子也会与不同类型的人打交道。我们经常称学校是一个小社会，如果孩子在这个小社会中都不能与同学友好地相处，那么他真的步入社会后，肯定也会很难与他人和谐相处。因此，妈妈要让孩子和不同的同学打交道，要让孩子积累和不同的人接触的经验。

5 引导孩子交益友

益友是指敢于直言不讳地批评的朋友。真正的友谊，是既要与朋友分享欢乐，为朋友排除烦恼、分担不幸，又要当朋友言论、行为上有了缺点和错误时，能坦率地提出批评，诚恳地提出忠告。这才是真正的朋友。

6 培养孩子独立的见解和拒绝力

成长中的孩子交友时容易受他人影响，尤其容易受大人的干涉。其实，妈妈应该让孩子懂得交友的原则，让孩子拥有选择朋友的权利，让他独立思考，让他找到真正适合自己的朋友。

必要的时候，要让孩子理智而坚定地拒绝朋友。比如，如果对方要求孩子做一些违背原则的事情，或是要求孩子做一些他不愿意并且对自己毫无意义的事情，或是为了维护友情而对自己有害的事情，都应该让孩子学会拒绝。毕竟朋友之间应该相互理解、相互尊重，不要为了面子，就毫无原则地迎合他人。

电子产品：采取有效方法，谨防沉迷

随着网络的普及，一些孩子沉迷于电子产品无法自拔。在网络世界里，他们打游戏、刷视频、交网友、看直播……这让很多妈妈无计可施，干脆禁止孩子玩电子产品。

面对网络时代的电子产品，我们大人真的要严格限制孩子吗？那么，有没有更好的教育方法呢？

响响升入初二后，他的学习成绩有一点下滑。老师也反映，响响上课容易打瞌睡。原来，响响迷上了网络游戏，一有空就偷偷地打游戏，完全把学习抛之脑后了。妈妈一想到响响自从进入青春期，已经完全对自己的唠叨和说教产生了逆反心理，就感觉很无奈。

经过一番权衡之后，妈妈和爸爸咨询了心理咨询师和有关教育专家，终于想出了一个好办法。爸爸瞒着响响，在工作之余也学会了打游戏，还努力提高在游戏中的角色等级。后来，爸爸更是以普通网友的身份和响响一起在网络上玩游戏，他的游戏水平还得到了响响的夸赞呢。

就这样，爸爸和响响成了"好朋友"。当然，爸爸为自己虚拟了一份简历，他告诉响响自己之所以游戏水平这么高，是因为自己大学时期学了游戏编程，还鼓励响响认真学习，争取考上好大学以后有机会可以在游戏行业发展。受到鼓舞的响响，对游戏编程和游戏设计产生了浓厚的兴趣，并且萌生了一个梦想：成为一名优秀的游戏设计工程师。

此外，爸爸还以网友的身份和响响约定：每个周末陪他玩一会儿游戏放松放松，然后自己要去继续深造了。响响遵守了这个约定，游戏结束后不久他就告诉了父母自己的梦想和学习计划。

爸爸妈妈佯装吃惊地说道："你怎么突然有了这么大的变化，学习也认真了？"

响响拍着胸脯说："放心吧。我已经和朋友约定好了。自己一定会说到做到的。"

如果案例中的父母直接禁止响响玩游戏，也许会起到相反的作用。其实，家长要开明一些，与其严令禁止不如采取有效方法，谨防孩子沉迷于电子产品。接下来的四点建议，可以防止孩子沉迷于电子产品。

1 营造不沉迷于电子产品的环境

其实，电子产品不仅使孩子迷恋，也常常使大人沉迷。因此，要想预防孩子沉迷于电子产品，大人自身要做好示范。如果大人自身就沉迷于玩手机、刷短视频而不能自拔，那么自然就很难说服孩子。身教都大于言传。所以，为了营造良好的家庭氛围，大人在家时尽量不玩手机；当孩子写作业时，大人最好捧一本书在不远处看。

2 制定玩电子产品的规则

家长先制定好规则，可以减少争执和避免孩子沉迷于电子产品。比如，周末就和孩子制订下周使用电子产品的计划。再如，小学生每天上网一般不应超过 1 小时，中学生不应超过 2 小时；要学会选择健康网站；要保护自己和家庭的隐私，不要在网上留下家里的电话，不要泄漏家庭隐私，不要把自己家的住址轻易告诉网友，等等。

3 用优质的影片取代不好的网络资源

对于孩子接触的网络游戏、短视频内容，妈妈要有一定的甄别能力。必要时，可以和孩子一起讨论，这样不仅可以使亲子关系更融洽，还会减少电子产品的负面影响。

另外，妈妈可以在此过程中做好引导工作。比如，大人可以用好的节目或影片作为替换，也可以购买优秀的网络资源供孩子学习。

4 戒除网瘾需要循序渐进

如果孩子已经对电子产品上瘾了，那么戒除网瘾就是一个漫长的过程。对于孩子的网瘾，妈妈可以巧妙地运用递减法。比如，从原来每天三四小时逐步减到每天一两小时，再逐步递减，使孩子慢慢恢复到正常状态。在这个过程中，妈妈不要急于求成，需要循序渐进，必要的时候及时求助专业人士或专业机构。

两孩争宠：爱要唯一，而不要均一

随着二孩、三孩政策的放开，很多家长都有再要一个孩子的想法，但这对于家里的大孩来说，却是一件不太能欣然接受的事。家里的大孩会认为，原本家长的宠爱只属于自己，现在却面临宠爱被另一个人夺走的风险，所以心理难免会有些失衡。

两个孩子争夺家长的爱，是自古就有的家庭问题。那么，家长在决定要二孩之前或是二孩出生后，该如何应对两个孩子争宠的问题呢？

面对两个孩子争宠的问题，智慧的妈妈都遵循一个原则：爱要唯一，而不要均一，确保孩子心中的妒忌感降到最低。

9岁的莎莎家最近迎来了喜庆的日子，因为莎莎的妈妈最近给她生了双胞胎弟弟。其实，莎莎一直都对此高兴不起来。虽然在整个孕期，妈妈也意识到了莎莎时不时的不痛快的情绪，但是当莎莎说"没事"之后，妈妈就忽略了她的感受。

　　就在双胞胎弟弟办满月酒席的那天，家里来了很多贺喜的亲友。所有的大人都沉浸在喜悦之中，仿佛完全忽略了莎莎。

　　妈妈似乎看穿了莎莎的心事，在角落里发现了闷闷不乐的莎莎，就问她："我们家的小公主，怎么一个人在这里，看似不太高兴呢？"

　　莎莎快快不乐地说："高兴是你们的，又和我无关。"

　　妈妈追问她："你是不是感觉家里有了两个小弟弟之后，爸爸妈妈好像把心思都放到他们身上了呢？"

　　莎莎眼睛一亮，回应道："就是！你们一看到小弟弟们，嘴都笑得合不拢了。但是，对我的态度就是不冷不热的，跟我说的话就只有'作业写完了没？''睡觉去吧！'……"

　　妈妈听完莎莎的抱怨，看了看莎莎满脸失落的表情，语重心长地说道："莎莎，妈妈怀孕这个事情呢，是个意外，我们原本也没有打算要第二个孩子。可是，上天偏偏给我们送来了两个小人儿，我想着如果能顺利生下他们的话，将来就多了两个人来保护我们家的莎莎公主。"

莎莎眨了一下眼睛，没有说话。

妈妈继续说道："莎莎，你是妈妈的大宝贝，妈妈会永远爱你的。即便家里有了弟弟们，你在爸爸妈妈心目中的位置也是无可替代的，我们依然会像之前一样爱你。"

妈妈接着说："刚出生的弟弟们，还没有小名呢，我和爸爸商量让咱们家的莎莎帮取小名呢。"说完，妈妈又拿出一个礼物，是带有录音功能的熊仔玩偶，里边录了妈妈说的爱莎莎的很多细节，以及对过去几个月疏于照顾莎莎的道歉的话。

莎莎听完，幸福地笑了起来，眼眶里满是喜悦的眼泪。

对大孩来说，家里第二个孩子的出生会让他有危机感，他的生活轨道突然改变，他需要有人来帮助他导航接下来的人生。因此，妈妈懂得帮助并引导大孩顺利度过那一段特殊的心路历程是非常有必要的。

1 理解大孩的各种情绪

比如，当大孩说"我不喜欢他"时，妈妈就不要否定大孩说"弟弟（妹妹）多可爱呀，你怎么会不喜欢呢？"这样的话。因为这种话会让大孩产生自己不被人理解的心理，从而变得更加逆反，加深对弟弟（妹妹）的讨厌程度。妈妈不妨对大孩说："不喜欢他是很正常的，他这么小，除了吃就是睡，要么就是哭，而且总是需要有人陪在身边。"这样就把大孩的情绪正常化了，大孩也会产生被人理解的幸福感。

2 让大孩意识到，父母对自己的爱是不会减少的

孩子多是以自身的感觉做判断的，所以如果大人的行为举止都是爱二孩的表现，即使大人嘴上对大孩说再多的"爸爸妈妈也是同样爱你的"，大孩也会变得失望和叛逆。所以，妈妈一定要对两个孩子做到一视同仁，不因照顾二孩而忽略了大孩的感受，也不做比较、分等级。要让两个孩子知道"你们对爸爸妈妈来说都是特别的，我们对你们的爱是平等的"。

3 爱要唯一，而不是均一

有很多妈妈反馈说，自己尽量平等地对所有的孩子，给每个孩子准备的物品及生活标准全是统一的。但这种做法可能只是体现了物质的均等，而忽视了孩子的内在情感需求。

因为每个孩子在成长过程中的心理需求是不一样的。我们不能为了表面形式上的平等而忽视孩子不一样的人格。所以，与其给予

每个孩子一样的物质，不如给予每个孩子量身定制的唯一的爱。比如，对于大一点儿的孩子，也要安排固定的时间陪伴他；给予他的礼物一定是为他特意挑选的，且是他需要的，而不是在给别的孩子购买时顺带给他买的。

4 提供公平的机会和资源

在有二孩的家庭中，大孩和二孩之间的竞争是难免的。妈妈可以引导他们进行健康的竞争，如参加一些比赛或者游戏，以提高他们的自信心和合作能力。同时，妈妈也要确保竞争的过程是公平的，避免给予其中一个孩子优待。

在分配资源和机会时，妈妈也要尽量公平。无论是时间、金钱还是其他资源，都应该公平地分配给孩子们。如果大孩需要特别的照顾或支持，那么同样的资源也应该给予二孩，这样可以减少孩子之间的争执和嫉妒的情绪。

附 录

常用的温柔养育孩子的26个理念

国内外的一些知名的心理学家和育儿专家给出了一些重要的育儿理念，值得妈妈们参考或借鉴。

1 情绪稳定

妈妈照顾好自己的情绪，不要对孩子发火。你可以对孩子的行为进行干预，但是情绪不要失控。只要确保精神饱满，以同情的心态关爱自己，你就会对孩子释放更多的爱。

2 模范行为

妈妈应该成为孩子的榜样，展示自己正确的行为和价值观。妈妈要以身作则，如遵守规则、尊重他人、热爱生活等。

3 营造积极的家庭氛围

营造积极的家庭氛围是一种促进家庭和谐、增进家庭成员之间关系的方法。妈妈可以通过组织家庭活动、庆祝家庭成员的生日、庆祝节日等方式，增进家庭成员之间的感情。

4 满足基本需求

孩子的所有不当行为都是因为他们的基本要求没有得到满足。因此，妈妈要满足孩子在睡眠、营养、休闲、拥抱、亲情、乐趣和安全等方面的需求。并且，让孩子预先知道你对他的期望。

5 爱与支持

你对孩子的每一份爱都会收到积极的回报。妈妈要做孩子的支持者。因为孩子还不成熟，正在尽最大努力地学习和成长，所以需要你的支持，如对孩子的要求做出具体反应，而不是猜测他需要什么。每个孩子至少需要有一个人无条件地支持他。这样做并不意味着你的孩子永远正确，只是表示他永远值得你付出努力。

6 给予关注

表达对孩子关心和支持的方法之一，就是给予孩子关注。妈妈可以在日常生活中多与孩子交流，了解他的生活和学习情况，必要的话可给予孩子帮助和支持，成为孩子坚强的后盾。

7 特殊时光

妈妈要给孩子营造特殊时光，以此增进亲子关系，让孩子感受到家人的关爱和陪伴。特殊时光可以是每天固定的时间段，如晚上一起阅读或做手工；也可以是周末的亲子活动，如一起去野营、去游乐场等。

8 家庭会议

固定召开家庭会议可以让家庭成员之间共享信息和讨论问题，让每个家庭成员分享自己的感受和想法，尤其是让孩子分享自己的意见和想法，鼓励孩子积极参与家庭决策，以此促进家庭和谐。

9 创造共同回忆

创造共同回忆可以增强家庭成员之间的归属感。妈妈可以组织一些家庭活动，如旅行、做手工等，让孩子在活动中感受到家庭的温暖和快乐。

10 尊重

尊重是一种保护孩子个人空间和尊严的方法。妈妈应该尊重孩子的隐私权，不要随意进入孩子的房间或偷看孩子的日记、短信等隐私。

11 理解

妈妈要理解孩子还在成长，已经做出了最大努力，所以期望孩子的表现时要符合其年龄段的特征，不要苛求完美。并且，要理解孩子处在不断发展变化中，他的不当行为在教育后是可以改正的。

12 鼓励和赞美

鼓励和赞美是妈妈必备的教养策略之一，可激发孩子的积极性和自信心。妈妈可以在孩子做出良好的行为或取得进步时，及时给予他鼓励和赞扬。

13 积极聆听

积极聆听是一种有效的沟通方式，可以帮助孩子表达自己的感受和需求。妈妈可以通过重复孩子的话，表达对孩子的关注和理解。

14 保持沟通

和孩子保持积极的沟通和互动，这是让孩子确定妈妈的爱，以及孩子爱妈妈的重要途径之一。保持沟通，也是妈妈对孩子产生影响的有效途径，还是增进亲子关系的有效途径。

15 接纳情绪

接纳孩子的情绪，就意味着接纳孩子。而只有接纳孩子，孩子才愿意进一步与妈妈沟通或改正不良行为。所以，接纳孩子的情绪，让孩子有一个安全的地方可以尽情地哭泣、发怒、大笑，可以帮助他表达恐惧和挫败感。

16 学习沟通技巧

学会了沟通技巧，妈妈可以与孩子建立良好的沟通关系。妈妈应该学会倾听和理解孩子的感受、需求，避免使用指责或批评的语言，而是使用和善的语言进行沟通。

17 有效提问，鼓励孩子表达

有效提问，如启发式提问是一种帮助孩子思考和解决问题的策略。通过提问鼓励孩子表达感情，可以促进孩子的情感发展和提高社交技能。妈妈要通过高效提问鼓励孩子说出感受、想法或情感。

18 善用"我"信息

"我"信息是一种表达感受和需求的策略。妈妈在与孩子沟通时，可以使用"我觉得""我希望"等语句来表达自己的感受和需求，而不是指责孩子。

19 建立规则

用规则代替惩罚。如果你希望孩子有责任心，善于体谅他人，就要用一定的规则来规范孩子的行为。不要惩罚孩子，而要对他的行为设定限制，并永远以感情为切入点。妈妈要记住一点：体谅、引导和限制同样重要，偏废任何一方都不好。

20 和善与坚定

在教育孩子时，要使用和善的语言，尊重孩子的感受，同时也要坚定地执行规则。

21 积极暂停

当孩子发脾气或情绪失控时，可以采用"积极暂停"的方法，让他一个人到安静且安全的地方冷静一下。

22 问题解决

问题解决是一种帮助孩子学会独立思考和解决问题的策略。妈妈可以引导孩子分析问题，提出各种解决方案，并一起评估每个方案的优劣。

23 赋予责任

赋予孩子责任，是教会孩子变得自律、具有责任感的一种有效手段。在日常生活中，妈妈可以给孩子分配一些家务等任务，让他承担起完成这些任务的责任。

24 培养自律性

培养自律性是一种帮助孩子学会自我管理和自我管控的策略。妈妈可以通过制定一些规则引导孩子思考如何更好地管理自己。

25 培养自我价值感

培养自我价值感，是一种培养孩子认识自己价值的策略。妈妈可以通过鼓励孩子参加一些其喜欢的活动，或者帮助他发展自己的特长和技能，让孩子认识到自己的价值和能力。

26 制定日常惯例表

制定日常惯例表可以帮助孩子养成好习惯，提升自律和自主的能力。妈妈可以和孩子一起制定日常惯例表，如规定上床睡觉时间、早上起床时间、家庭作业时间等，并且拍下孩子做事的过程，让它成为孩子生活中的一部分，这样养出来的孩子就比较有计划性和执行力。